國朝漢學師承記

〔清〕江藩 纂

齊魯書社
·濟南·

圖書在版編目（CIP）數據

國朝漢學師承記 / (清) 江藩纂. -- 濟南 : 齊魯書社, 2024. 9. -- (《儒典》精粹). -- ISBN 978-7-5333-4952-3

Ⅰ. K249.078

中國國家版本館CIP數據核字第20249PJ892號

責任編輯　張　超
裝幀設計　亓旭欣

國朝漢學師承記

GUOCHAO HANXUE SHICHENG JI

〔清〕江藩　纂

主管單位	山東出版傳媒股份有限公司
出版發行	齊魯書社
社　　址	濟南市市中區舜耕路517號
郵　　編	250003
網　　址	www.qlss.com.cn
電子郵箱	qilupress@126.com
營銷中心	（0531）82098521　82098519　82098517
印　　刷	山東臨沂新華印刷物流集團有限責任公司
開　　本	880mm × 1230mm　1/32
印　　張	12.25
插　　頁	2
版　　次	2024年9月第1版
印　　次	2024年9月第1次印刷
標準書號	ISBN 978-7-5333-4952-3
定　　價	98.00圓

#《〈儒典〉精粹》出版説明

《儒典》是對儒家經典的一次精選和萃編，集合了儒學著作的優良版本，展示了儒學發展的歷史脉絡。其中，《義理典》《志傳典》共收録六十九種元典，由齊魯書社出版。鑒於《儒典》采用套書和綫裝的形式，部頭大，價格高，不便於購買和日常使用，我們決定以《〈儒典〉精粹》爲叢書名，推出系列精裝單行本。

叢書約請古典文獻學領域的專家學者精選書目，并爲每種書撰寫解題，介紹作者生平、内容、版本流傳等情况，文簡義豐。叢書共三十三種，主要包括儒學研究的代表性專著和儒學人物的師承傳記兩大類。版本珍稀，不乏宋元善本。對於版心偏大者，適度縮小。爲便於檢索，另編排目録。不足之處，敬請讀者朋友批評指正。

齊魯書社

二〇二四年八月

《〈儒典〉精粹》書目（三十三種三十四册）

孔氏家語	荀子集解	孔叢子
春秋繁露	春秋繁露義證	鹽鐵論
新序	揚子法言	白虎通德論
潛夫論	中説	太極圖説　通書
龜山先生語録	張子語録	傳習録
張子正蒙注	先聖大訓	近思録
四存編	孔氏家儀	帝範
帝學	温公家範	文公家禮
聖門禮樂誌	東家雜記	孔氏祖庭廣記
伊洛淵源録	伊洛淵源續録	國朝漢學師承記
國朝宋學淵源記	孔子編年	孟子年表

解題

國朝漢學師承記八卷，清江藩撰，清嘉慶二十三年江都刻本

江藩字子屏，號鄭堂，祖籍旌德江村（今屬安徽）。監生出身，爲惠棟再傳弟子，精通經史，長於考據，著有《周易述補》《爾雅小箋》《炳燭室雜文》等。曾被阮元聘爲麗正書院山長，後任《廣東通志》纂修官。

江氏崇尚經學且鄙夷理學，將清代經學源流分爲漢與宋兩派，認爲清代經學是漢代儒學的復興，故而極力推崇漢學。爲了彰顯漢學的昌盛，并梳理學術源流，江氏爲此一脉的諸位學者作傳以介紹其生平與思想，『如司馬子長《史記》、班孟堅《漢書》之例』。全書共八卷，前有江藩自序，後有嘉慶十七年後學汪喜孫所作跋，稱贊此書爲『名山之業，固當垧此不朽』。卷一記閻若璩、胡渭、張爾岐、馬驌，卷二記惠周惕、沈彤、余古農先生、江艮庭先生、褚寅亮，卷三記王鳴盛、錢大昕，卷四記王蘭泉先生、朱笥河先生、武億、洪亮吉，卷五記江永、金榜、戴震，卷六記盧文弨、紀昀、邵晉涵、任大椿、洪榜、汪元亮、孔廣森，卷七記陳厚耀、程

晉芳、賈田祖、李惇、江德量、汪中、顧九苞、劉台拱、鍾褱、徐復、汪光爔、李鍾泗、凌廷堪，卷八記黄宗羲、顧炎武，共計四十家。值得注意的是，黄顧二人時代靠前且爲清學鼻祖，却被置於卷末，蓋是因江藩抑宋的偏見，認爲二人『皆深入宋儒之室』。

此書雖因頗具門户之見，而遭到以方東樹《漢學商兑》爲代表的清代宋學的駁斥，但是開清代學理考證之風，立漢宋門派之别，此書實爲首功，對後世影響深遠。還有咸豐四年《粤雅堂叢書》本、光緒十二年《江氏叢書》本、光緒二十二年寶慶勸學書社本等。

陳鍇

目録

國朝漢學師承記卷三

國朝漢學師承記卷四

國朝漢學師承記卷五

國朝漢學師承記卷六

國朝漢學師承記卷七

國朝漢學師承記卷八

國朝漢學師承記

上

嘉慶戊寅刊

國朝漢學師承記

江都胡培篆

國朝漢學師承記目錄

汪元亮
孔廣森 李文藻 桂馥
記之七
陳厚耀
程晉芳
賈田祖
李惇
江德量
汪中
顧九苞 顧鳳毛

國朝經師經義目錄

國朝漢學師承記卷一

甘泉江　藩纂

先王經國之制。井田與學校相維。里有序。鄉有庠。八歲入小學。學六甲五方書計之事。始知室家長幼之節。十五入大學。學先聖禮樂。而知朝廷君臣之禮。所以耕夫餘子。亦得秉耒橫經。漸詩書之化。被教養之澤。濟濟乎。洋洋乎。三代之隆軌也。秦并天下。燔詩書。殺術士。聖人之道墜矣。然士隱山澤巖壁之間者。抱遺經。傳口說。不絕於世。漢興乃出。言易淄川田生。言書濟南伏生。言詩於魯則申公培。於齊則轅固生。於燕則韓太傅。言禮魯高堂生。言春秋於齊則胡毋生。於趙則董仲舒自茲以後。專門之學。興。命氏之儒起。六經五典。各信師承。嗣守章句。期乎勿失。西都儒士。開橫舍。延學徒。誦先王之書。被儒者之服。彬彬然。有洙泗之風焉。爰及東京。碩學大師賈服之外。咸推高密。鄭君。生炎漢之季。守孔子之學。訓義優洽。博綜羣經。故老以爲前修。後生未之敢異。晉王肅自謂辨理依經。逞其私說。僞作家語。妄撰聖證。以外戚之尊。盛行晉代。王弼宗老莊而注周易。杜預廢賈服而釋春秋。梅賾上僞書。費甝爲義疏。於是宋齊以降。師承凌替。江左儒門。參差互出矣。然河洛尚知服古。不改舊章。左傳則服子慎。尚書周易則鄭康成。詩則並主於毛公。禮則同遵於鄭氏。若輔嗣之易。惟河南青齊閒。有講習之者。而王肅易亦閒行焉。元凱之左氏。但行齊地。僞孔傳惟劉光伯。劉士元。信爲古文。皆不爲當時所尚。隋書云、南人約簡。得其英華。北學深蕪。窮其枝葉。豈知言者哉。唐太宗挺生於干戈之世。創業於戎馬之中。雖左右櫜鞬。櫛沐風雨。然鋭情經術。延攬名流。卽位後讎正五經。頒示天下。命諸儒粹章句爲義疏。惜乎孔沖遠朱子奢之徒。妄出己見。去取失當。易用輔嗣而廢康成。書去馬鄭而信僞孔。穀梁退麋氏而進范甯。論語則專主平叔。棄尊彝而寶康瓠。舍珠玉而收瓦礫。不亦傎哉。宋初承唐之弊。而邪說詭言。亂經非聖。殆有甚焉。如歐陽修之詩。孫明復之春秋。王安石之新義是已。至於濂洛關閩之學。不究禮樂之源。獨標性命之旨。義疏諸書。束置高閣。視如糟粕。棄等弁髦。蓋率履則有餘。考鏡則不足也。元明之際。以制義取士。古學幾絕。而有明三百年。四方秀艾。困於帖括。以講章爲經學。以類書爲博聞。長夜悠悠。視天夢夢。可悲也夫。在當時豈無明達之人。志識之士哉。然皆滯於所習。以求富貴。此所以儒罕通人。學多鄙俗也。我世祖章皇帝握貞符。膺圖籙。撥亂反正。伐罪弔民。武德定四海。文治垂千古。順治十三年。

勅大學士傅以漸撰易經通註。以永樂大全繁冗蕪陋。刋其舛訛。補其闕漏。勒爲是書。頒之學官。

聖祖仁皇帝嗣位。削平遺孽。親征西番。戡定三藩。永清六合。然

萬機之暇。棲神墳典。悅志藝文。闡五音六律之微。稽八綫九章之術。

天亶睿知。典學宏深。伊古以來。所未有也。康熙十九年

勅大學士庫勒納等編日講四書解義日講書經解義

二十二年。
勅大學士牛鈕等編日講易經解義。三十八年奉
勅撰春秋傳說彙纂。五十四年。又
勅大學士李光地等撰周易折中。六十年。又
勅大學士王頊齡等撰書經傳說彙纂。又
勅戶部尚書王鴻緒等撰詩經傳說彙纂。凡
御纂羣經。皆兼采漢宋先儒之說。參考異同。務求至當。
遠紹千載之薪傳。爲萬世不刊之鉅典焉。
世宗憲皇帝。際昇平之時。咸寧之世。未明求治。乙夜觀
書。雖夙通三乘。然雅重七經。即位之後。即刊行

聖祖欽定詩經傳說彙纂書經傳說彙纂皆
御製序文弁於卷首又編定
聖祖日講春秋解義雍正五年
御纂孝經集註折衷羣言勒爲大訓推武周達孝之源
究天地明察之理故能心契孔曾權衡醇駁也至
高宗純皇帝御極六十年久道化成不疾而速不行而
至武功則耆定十全文德則旁敷四海富旣與地乎侔
訾貴乃與天乎比崇盛德日新多文日富乾隆元年
詔儒臣排纂
聖祖日講禮記解義十三年

欽定周官義疏儀禮義疏禮記義疏。二十年。大學士傅
恒等。奉
勅撰周易述義詩義折中。三十年。大學士傅恒等奉
勅撰春秋直解。於易則不涉虛渺之說。與術數之學。觀
象則取互體以發明古義。於詩則依據毛鄭。溯孔門授
受之淵源。事必有徵。義必有本。臆說武斷。概不取焉。於
禮則以康成爲宗。採孔賈之精微。綜羣儒之同異。本天
敍地經國坊民。治法備矣。於春秋則採三家之精華。斥
安國之迂謬。闡尼山之本意。洵爲百王之大法也。經學
之外。考石鼓。辨大昌用修之非。刊石經。湔開成廣政之

陋又刻
御製說經文於太學皆治經之津梁論古之樞要所謂
懸諸日月煥若丹青者也於是鼓篋之士負笈之徒皆
知崇尚實學不務空言游心六藝之圃馳騖仁義之塗
矣我
皇上誕敷文教敦尚經術登明堂坐清廟次羣臣奏得
失天下之衆鄉風隨流廓然興道而遷義家懷克讓之
風人誦康哉之詠猗歟偉歟何其盛也蓋惟
列聖相承文明於變尊崇漢儒不廢古訓所以四海九
州強學待問者咸沐菁莪之雅化汲古義之精微縉紳

碩彥。青紫盈朝、縫掖巨儒。絃歌在野。擔簦追師。不遠千
里。講誦之聲。道路不絕。可謂千載一時矣、藩綰髮讀書。
授經於吳郡通儒余古農同宗艮庭、二先生。明象數制
度之原。聲音詁訓之學。乃知經術一壞於東西晉之清
談。再壞於南北宋之道學。元明以來。此道益晦。至
本朝三惠之學。盛於吳中、江永戴震諸君。繼起於歙。從
此漢學昌明。千載沉霾。一朝復旦。暇日詮次
本朝諸儒爲漢學者。成漢學師承記一編。以備
國史之採擇。嗟乎。三代之時。弼諧庶績。必舉德於鴻儒。
魏晉以後。左右邦家。咸取才於科目。經明行修之士。命

偶時來得策名廊廟。若數乖運舛。縱學窮書圖。思極人文。未有不委棄草澤。終老邱園者也。甚至饑寒切體。毒螫瘠膚。筮仕無門。齎恨入冥。雖千載以下。哀其不遇。豈知當時絕無過而問之者哉。是記於軒冕則畧記學行。山林則兼誌高風。非任情軒輊。肆志抑揚。蓋悲其友麋鹿以共處。侯草木以同彫也。

閻若璩　張弨　吳玉搢　宋鑒

閻若璩字百詩先世居太原縣西寨村五世祖始居淮安祖世科明萬歷甲辰進士官至布政司參議父修齡郡學生若璩生世科愛之常抱置膝上摩其頂曰汝貌

文其為一代儒者以光吾宗乎若璩生而口吃性鈍六歲入小學讀書千遍不能背誦年十五冬夜讀書扞格不通憤悱不寐漏四下寒甚堅坐沉思心忽開朗自是穎悟異常是年補學官弟子一時名士如李太虛方爾止王于一杜于皇皆折輩行與交若璩研究經史寒暑弗徹嘗集陶貞白皇甫士安語題所居之柱云一物不知以為深耻遭人而問少有寧日其立志如此年二十讀尚書至古文即疑二十五篇之譌沉潛二十餘年乃盡得其癥結所在作古文尚書疏證其說之最精者謂漢書藝文志。言魯共王壞孔子宅。得古文尚書。孔安國以攷二十九篇得多十六篇。楚元王傳。亦云逸書十六篇。天漢之後。孔安國獻之。古文篇數之見於西漢者如此。而梅賾所上。乃增多二十五篇。此篇之不合也。杜林馬鄭。皆傳古文者。據鄭氏說。則增多者。舜典、汩作、九共、大禹謨、益稷、五子之歌、胤征、典寶、湯誥、咸有一德、伊訓、肆命、原命、武成、旅獒、冏命、十六篇。而九共有九篇。故亦稱二十四篇。今晚出書。無汩作九共典寶等篇。此篇名之不合也。鄭康成注書序。於仲虺之誥、大甲、說命、微子之命、蔡仲之命、周官、君陳、畢命、君牙、皆注曰亡。而於汩作、九共、典寶、肆命、諸篇。皆注曰逸。逸者。即孔壁書也。康

成雖云受書於張恭祖。然其書贊曰。我先師棘下生子
安國亦好此學。則其淵源於安國明矣。今晚出書與鄭
名目互異。其果安國之舊耶。又云古文傳自孔氏後。惟
鄭康成所注者得其眞。今文傳自伏生後。惟蔡邕石經
所勒者得其正。今晚出書宅嵎夷。鄭作宅嵎鐵。昧谷鄭
作柳谷。心腹腎腸。鄭作憂腎陽。劓刵劅剠。鄭作臏宮劓
割頭庶剠。與眞古文既不同矣。石經殘碑遺字。見於洪
适隸釋者。五百四十七字。以今孔書校之。不同者甚多。
碑云。高宗之饗國百年。與今書之五十有九年異。孔敘
三宗以年多少爲先後。碑則以傳敘爲次。則與今文又

不同。然後知晚出之書。蓋不古不今。非伏非孔。別爲一家之學者也。班孟堅言司馬遷從安國問故。故堯典禹貢洪範微子金縢諸篇多古文說。許慎說文解字。亦云其稱書孔氏。今以史記說文。與晚出書相校。又甚不合。安國注論語。予小子履。以爲墨子引湯誓。其辭若此。不云此出湯誥。亦不云與湯誥小異。然則予小子履云云非眞古文湯誥。蓋斷斷也。其注雖有周親不如仁人句。於論語則云親而不賢不忠則誅之。管蔡是也。仁人謂微子箕子。來則用之。於尚書則云周至也。言紂至親雖多。不如周家之少仁人。其詮釋相懸絕如此。豈一人之手筆乎。又云古未有夸族之刑。卽苗民之虐。亦祇肉刑止爾。有之自秦文公始。僞作古文者。偶見荀子有亂世以族論罪。以世舉賢之語。遂竄之。泰誓篇中。無論紂惡不如是甚。而輕加三代以上以慘酷不德之刑。何其不仁也。荀卿曰誥誓不及五帝。司馬法言有虞氏戒於國中。夏后氏誓於軍中。殷誓於軍門之外。周將交刃而誓之。當虞舜在上。禹縱征有苗。安得有會后誓師之事。此亦不足信也。司馬法曰。入罪人之地。見其老弱。奉歸無傷。雖遇壯者不校勿敵。敵若傷之。藥醫歸之。三代之用兵。以仁爲本如此。安得有火炎崑岡。玉石俱焚之事。旣讀陳琳檄吳文云。大兵一放。玉石俱碎。鍾會檄蜀文云。大兵一發。玉石俱碎。乃知其時自有此等語。則此書之出魏晉間。又一佐也。又云武成篇先書一月壬辰。次癸巳。又次戊午。巳是月之二十八日。後繼以癸亥甲子。是爲二月之四五日。而不冠以二月。非今文書法也。洛誥稱乙卯。費誓兩稱甲戌。此周公伯禽口中之詞。指此日有此事云爾。豈史家紀事之例乎。又云書序益稷本名棄稷。馬鄭王三家本皆然。蓋別是一篇。中多載后稷與契之言。揚子雲法言孝至篇。言合稷契之謂忠。謨合皋陶之謂嘉。子雲親見古文。故有此言。晚出書析皋陶謨之半爲畚稷。則稷與契初無一言。子雲豈鑿空者耶。其辨孔傳之僞云。三江入海。未嘗入震澤。孔謂江自彭蠡分而爲三。共入震澤者謬也。金城郡昭帝所置。安國卒於武帝時。而傳稱積石山在金城西南。豈非後人作僞之證乎。傳義多與王肅注同。乃孔竊王。非先有孔說而王取之也。漢儒說六宗者。人人各異。王肅對魏明帝。乃取家語孔子曰所宗者六之語。肅以前未聞也。而僞傳已有之。非孔竊王而何。其論可謂信而有徵矣。康熙元年始游京師。合肥龔尚書鼎孳爲之延譽。由是知名。旋改歸太原故籍。爲廩膳生。崑山顧炎武游太原。以所撰日知錄相質卽改訂數則炎武心折焉未幾出游鞏昌與陳秀才壽善一夕共成七言絶句百首名曰隴右倡和詩十七年應博學宏詞科試不第留京師與長洲汪編修琬反覆論難琬著五服考異成若璩糾其繆琬雖改正然護前輙謂人曰百詩有親在而喋喋言喪禮乎若璩聞之曰王伯厚嘗云。夏侯勝善說禮服。謂禮之喪服也。蕭望之以禮服授皇太子。則漢世不以喪服爲諱也。唐之奸臣。以凶事非臣子所宜言。去國恤一篇。識者非之。講經之家。豈可拾其餘唾哉。崑山徐贊善乾學問曰。於史有徵矣。於經亦有徵乎。若璩曰。按雜記曾申問於曾子曰哭父母有常聲乎申曾子次子也檀弓子張死曾子有母之喪齊衰而往哭之夫孔子沒子張尚存見於孟子子張死而曾子方喪母則孔子時曾子母在可知記所載曾子問一篇正其親在時也乾學歎服三十一年客閩歸乾學延至京師爲上客每詩文成必屬裁定日閻先生學有師法非吳志伊輩所及也合肥李公天馥亦云詩文不經百詩勘定未可輕易示人及乾學以尙書歸里奉

勅修一統志開局於洞庭東山既又移嘉善後歸崑山若璩皆從事焉若璩精於地理之學山川形勢州郡沿

革瞭若指掌嘗曰孟子言讀書當論其世尹謂並當論其地少讀孟子書疑滕定公薨使然友之鄒問孟子何緩不及事及長大親歷其地乃知故滕國城在今縣西南十五里故邾城在今鄒縣東南二十六里相去僅百里故朝發而夕至朝見孟子而暮即反命也因撰四書釋地六卷釋地餘論一卷又據孟子七篇參以史記諸書作孟子生卒年月考一卷晚年名益著學者稱爲潛邱先生

世宗在潛邸手書延至京師握手

賜坐呼先生而不名索觀所著書每進一篇未嘗不稱

善疾亟請移就外留之不可乃以大牀爲輿上施青紗帳二十人舁之出移居城外十五里如臥牀簀不覺其行也卒年六十有九時康熙四十三年六月八日

世宗遣官經紀其喪親製輓詩四章有三千里路爲余來之句後爲文以祭之有云讀書等身一字無假孔思周情旨深言大若璩以諸生而受

聖主特達之知可謂得稽古之榮矣平生長於考證遇有疑義反覆窮究必得其解乃已嘗語弟子曰曩在東海公邸夜飲公云今晨直起居注

上問古人言使功不如使過。此語自有出處。當時不能答。予舉宋陳亮時有使功不如使過論。篇中有秦伯用孟明事。但不知此語出何書耳。越十五年讀唐書李靖傳。高祖以靖逗留。詔斬之。許紹爲請而免。後率兵破開州蠻。俘擒五千。帝謂左右曰。使功不如使過。果然。謂卽出此。又越五年讀後書獨行傳。索盧放諫更始使者勿斬。太守曰、夫使功者不如使過。章懷注。若秦穆公赦孟明。而用之霸西戎。乃知全出於此。甚矣學問之無窮。而尤不可以無年也。天性多否少可詞科五十人中獨許吳志伊之博覽徐勝力之强記而已如李天生謂其杜撰故事汪鈍翁謂其私造典禮所服膺者三人曰錢受之黃太沖顧寧人然論受之則曰此老春秋不足作準論太沖則曰太沖之徒麤待訪錄指其繆訛不一而足指摘曰知錄一卷見潛邱劄記中藩聞之顧君千里云曾見初印亭林所刊廣韻前有校刊姓氏列受業閻若璩名則若璩嘗執贄崑山門下然若璩所著書中不稱亭林爲師豈亭林沒後遂背其師耶所著古文尚書疏證四書釋地孟子生卒年月考潛邱劄記行於世子詠亦能文同時山陽有張弨者字力臣隱於賈受業於崑山顧炎武究心小學有婁機漢隸字原校本敘曰自隸變篆以就省而碑版各家可以隨意增減點畫改易偏

旁好異尚奇，貽誤後學。今悉準之《説文》，於《漢隸字原》中取一正體，以朱筆標出之；或破體而不至背正體者，亦標出之；其雖無當於正體而近是者，亦點出之；其全譌者，則據《説文》駁正之；其本碑不誤而《字原》抄寫致錯者，亦校正之。論辭字曰：辭乃辭訟之辭，若辤受之辤則從受，而文詞之詞又別焉。論懷字曰：懷乃懷想之懷，若褱抱之褱則不從心，而褱袖之褱又別焉。論麟字曰：麟，大牝鹿也，非西狩所獲也。四靈之一，乃麐字也。論氤氳二字曰：以篆法當作壹壺，而隸無壺字，故借爲烟煴，又借煴而爲緼。若氤氳乃俗字，而絪亦俗字也。論雕字曰：雕之爲鵰猶雞之爲鷄。本一字。而彫則琢也。今反歧雕與鵰爲二字。而系雕與彫爲一字。謬之尤者也。論華字曰。古作蕚。通作蘤。宋齊以前無花字。北朝魏齊之交始有之。論彊字曰。彊者弓有力也。强則蚚也。非彊也。論累字曰。纍纍之纍。省而爲累。非積絫之絫。論序字曰。庠序之序。是學名。非次敘之敘。論艸字曰。艸乃象形。若草則斗櫟實也。別爲一字。論气字曰。凡天气地气之气皆气也。加米是氣廩之氣。今妄以氣爲气。而加食字爲餼。贅文也。論俊字曰。千人之材曰俊。若雋則肥肉也。冂乃弓之橫體。引弓射隹。故曰得雋。非俊也。今加人於雋旁。通以爲俊。謬之大者也。論黻字曰。黑與靑相次之文。市則上古蔽前之皮。其字象形市之重。文曰韍非黻也。後世加艸於市爲芾非也。又改韋作糸爲紱亦非也。漢人不曉妄用之。宋之米元章名芾。而通書作黻皆誤也。其書之大畧如此。力臣雖不知古人假借通用之說然謹守叔重之書辨鄉壁虛造之字其學識遠出戴侗楊桓之上矣雅好金石文字遇荒村野寺古碑殘碣埋沒榛莽之中者靡不椎拓嘗登焦山乘江潮歸壑往山巖之下藉落葉而坐仰讀瘞鶴銘聚四石繪爲圖聯以宋人補刻字証爲顧況書援據甚核力臣書法唐賢世稱能品爲炎武爲廣韻及音學五書今世傳彫本是也力臣之後有吳玉搢字藉五號山夫考古書文字之異取字體之假借通用者系韻編次各注所出爲之辨証著別雅五卷亦辯金石與力臣同嗜作金石存十卷乾隆年間游京師秦大司寇蕙田延至味經軒中校定五禮通考後以廩貢生官鳳陽訓導卒又有安邑宋半塘者傳濟邸之學半塘名鑒字元衡世居運城生而穎悟善讀書乾隆甲子舉於鄉戊辰成進士銓授浙江常山縣知縣三年調鄞縣蒞鄞七年以廉能升廣東南雄府通判署連州又署澳門同知又署潮陽縣所至有政聲士民立生

祠頌遺愛焉以親老告歸囊無長物攜書數千卷而已歸田後弟某爲確山令馳書招之至確山卒於官署半塘湛深經術尤精小學以潛邱古文尚書疏證文詞曼衍而不爾雅重輯尚書攷辨四卷嘗曰經義不明小學不講也小學不講則形聲莫辨而訓詁無據矣說文解字乃小學之祖也取而疏之治經者其有所津逮乎採經史方言釋名玉篇廣韻水經注諸書爲說文解字疏詳贍辨博又益以坿借備三門如水部沛字。本遼東水名。附訓爲澤。借訓爲大。爲小。此皆見於經傳者。若見於史者。如漢書禮樂志神哉沛。師古注沛疾也。司馬相如封禪文。沛然改容。師古注感動。又大人賦沛艾赳螑注張揖曰。沛艾駊騀也。則謂之備也。此乃宋氏一家之學附者說文無此訓。以經注訓附益之。故曰附。至於借例與附益無二。又非通借之借。意當時必有一說以處之。不可得聞矣。又有易見尚書彙鈔漢書地理考詩文集藏於家子葆淳字帥初一字芝山乾隆甲午優貢生癸卯舉人隰州學正以例授國子監助教學問淹通工詩古文詞性愛金石隸書行楷山水皆入能品傳其家學時陽城張古餘太守與芝山友善太守名敦仁古餘其字也乾隆甲午舉人乙未成進士戊戌補應

殿試以知縣用今官吉安府知府於學無所不窺邃於經術尤精天文歷算北方之儒者也

胡渭 黃儀 顧祖禹

胡渭初名渭生字朏明一字東樵世爲德清人曾祖友信明隆慶戊辰進士廣東順德縣知縣有政聲工古文與歸有光齊名世所稱思泉先生也父公角天啟甲子舉人渭生十二而孤母沈攜之避寇山谷閒雖遭顛沛猶手一編不徹十五爲縣學生試高等充增生屢赴行省試不售乃入太學嘗館益都馮文毅公家渭潛心經義尤精輿地之學崑山徐尚書乾學奉

詔修一統志開館洞庭山延渭與黃儀子鴻顧祖禹景范閻若璩百詩分郡纂輯因得博觀天下郡國書又與子鴻輩觀摩相善而問學益進焉渭素習尚書禹貢謂僞孔孔沖遠及蔡沈於地理皆疏舛如三江當主鄭康成說。庾仲初之言。不足信。浮于淮泗。達于河。河當從說文作菏。滎波既豬。波當從鄭康成本作播。梁州之黑水。與導川之黑水。不可溷而爲一。因足疾家居博稽載籍。及古今注釋。攷其同異。而折中之。依經立解。章別句從。成禹貢錐指二十卷。錐指者取莊子秋水篇用管窺天用錐指地之意言所見者小也又謂禹貢山川。非圖不明。而漢永平中。賜王景之圖。及晉司空裴秀之圖。皆亡。宋程大昌禹貢山川地理圖。世無傳本。而合沙鄭氏東卿禹貢二十五圖。世亦罕覯。且於郡國山川。未能精審。先儒舊說。與經異者。不能釐正。乃據九州五服。導山導水之文。證以地志水經。參之傳紀。計里畫方。爲圖四十七。古今水道山脈。條分縷析。聚米畫沙。如身歷目擊者矣。漢唐以來河道遷徙。雖非禹貢之舊。要爲民生國計所繫。故於導河一章。備攷歷代決溢改流之跡。論近日淮黃之勢云。清口不利。海口愈塞。加以淫潦。而河淮上流。一時並決。洪澤諸湖。衝溢高堰。人力倉卒難支。必決山鹽高寶諸湖。而淮南海口沙壅更甚。爲禍尤烈。近日治河。乃遏之使不得北。而南入於淮。以便運耳。南行非河之本性。東衝西決。率無寧歲。非治河治漕也。設會通有時不用。則河可以北。先期戒民。凡田廬塚墓。當水之衝者。悉遷他所。官給其費。兩岸之隄。增卑倍薄。更於低處創立遙隄。使暴水至。得左右游波。寬緩而不迫。然後縱河所之。決金龍。注張秋。而東北由大清河。入於渤海。不煩人力也。其說可稱卓論。豈不通時務之迂儒所能哉。嘗謂詩書禮春秋。皆不可無圖。惟易無所用圖。六十四卦。二體六爻之畫。即圖也。八卦之次序方位。乾坤三索出震齊巽。二章盡之矣。安得有先後天之別哉。河圖之象。自古無傳。何從擬議。洛書之文。見於洪範五行。九宮初不爲易而設。作易圖明辨十卷。又言洪範古聖所傳。如日月之麗天。有目者所共覩。而間有晦盲否塞者。先儒曲說爲之害也。漢儒五行傳專主災異。以瞽史矯誣之說。亂彝倫攸敘之經。其害一也。洛書之本文具在洪範。宋儒創爲白黑之點。方圓之體。九十之位。書也而變爲圖矣。且謂洪範之理。通於易。劉牧以九爲河圖十爲洛書。蔡元定兩易其名。其害二也。洪範元無錯簡。而宋儒任意改竄。移庶徵王省惟歲以下爲五紀之傳。移皇斂時五福。至其作汝用咎。及三德惟辟作福以下。並爲五福六極之傳。其書三也。作洪範正論五卷。又作大學翼眞七卷。言格物致知之義。釋在邦畿章內。本無缺文。無待於補。其議論之正。可謂通儒矣。康熙己卯。因再從姪會恩官京師。乃復游日下。禮部尚書李振裕。侍講學士查昇。皆以爲當代儒宗。未幾以老病歸。昇供奉

內廷。暇日以禹貢錐指進呈

上覽而嘉之。問年籍。對曰。浙江人。六十餘歲。禮部侍郎胡會恩之叔也。四十二年

法駕南巡。渭撰平成頌一篇獻諸

行在有
詔嘉獎
召至南書房直廬
賜饌及書扇又
御書耆年篤學四大字
賜之
禁直諸臣咸謂一時之曠典云五十三年正月九日卒
於家年八十有二黃儀常熟人篤信古學於經史中地
理及各家輿地書靡不究心謂班書地志所載諸川第
言其所出所入而中間經歷之地不可得聞惟水經注

備著之然非繪圖讀者不能了然於心目乃反覆尋玩每水各爲一圖如某水出某縣向某方流逕某縣某方至某縣合某水某縣入某水無一不具闇若璩見之不忍釋手歎曰酈道元千古以下第一知己也顧祖禹無錫人徙居常熟客於釣渚渡依范九鼎後居膠山黃守中家父柔謙字剛中精於史學著山居贅論一書祖禹少承家訓不事帖括經史皆能背誦如流水性好遠游足跡遍天下無所遇歸而閉戶著書擬歷代州域形勢九卷南北直隸十三省一百十四卷川瀆異同六卷天文分野一卷共一百三十卷又用開方法繪地圖　卷

名曰讀史方輿紀要凡職方廣輿諸書承譌襲謬皆一一駁正詳於山川險要及古今戰守之蹟而景物名勝皆在所畧讀其書可以不出戶牖而周知天下之形勝爲地理之學者莫之或先焉世所稱三大奇書此其一也其二則梅文鼎歷算全書李淸南北史合抄然合抄本人所易爲李書尤嫌踈漏豈能與顧氏梅氏之書稱鼎足哉

張爾岐

張爾岐字稷若自號蒿庵居士濟陽人也少爲縣諸生遜志好學工古文詞著天道論中庸論篤終論爲時所

稱年三十讀儀禮歎曰漢初高堂生傳儀禮十七篇武帝時有李氏得周官五篇河間獻王以考工補冬官共成六篇奏之後復得古經五十六篇於魯淹中其十七篇與高堂生所傳同餘三十九篇無師說漢志所載傳禮者十三家其所發明皆周官及此十七篇之旨也十三家獨小戴大顯近代列於經以取士而二禮反日微蓋先儒於周官疑信各半而儀禮則苦其難讀故也夫疑周官者尚以新莽荆國爲口實儀禮則周公之所定孔子之所述當時聖君賢相士君子之所遵行可斷然不疑者而以難讀廢可乎因鄭康成注文古質賈公彥

釋義曼衍學者不能尋其端緒乃取經與注章分之定其句讀疏其節錄其要取其明注而止有疑義則以意斷之亦附於末始名儀禮鄭注節釋後改名儀禮鄭注句讀又參定監本脫誤凡二百餘字並考石經脫誤凡五十餘字作正誤二篇附於後成書之時年五十有九矣崑山顧炎武游山左與爾岐友善讀其書而爲之序手錄一本藏山西祁縣所立書堂嘗與汪琬書稱爾岐之學根本先儒立言簡當又與友人論師道書曰獨精三禮卓然經師吾不如張稷若其爲亭林所推重如此爾岐閉戶著書是以世無知者平生交游炎武之外則

長山劉友生樂安李象先關中李中孚王宏撰四人而已所著書有夏小正傳注一卷吳氏儀禮考注訂誤一卷弟子職注一卷老子說略二卷濟陽縣志九卷蒿庵集三卷蒿庵閒話二卷春秋傳議未成晚年蕭然物外不與世接自爲墓銘而卒

馬驌 王爾膂

馬驌字宛斯一字驄御鄒平人順治己亥進士謁選在京師用才望與順天鄉試同考官後爲淮安府推官尋
奉
裁改知靈壁縣有善政卒於官士民皆哭且號於上曰

願世世奉祀於是得部檄祠名宦驌少孤事母以孝聞穎敏強記於書無不精研而尤癖左氏春秋以敘事易編年引端竟緒條貫如一傳謂之左傳事緯凡數萬言又取太古以來及亡秦之事合經史諸子鉤括裁纂佐以圖考參以外錄謂之繹史分五部一曰太古三皇五帝計十篇二曰三代夏商西周計二十篇三曰春秋十二公時事計七十篇四曰戰國春秋至亡秦計五十篇五曰外錄紀天官地志名物制度等計十篇合一百六十篇篇爲一卷其書最精時人稱爲馬三代顧炎武讀是書歎曰必傳之作也康熙四十四年

仁皇帝南巡狩至蘇州一日
垂問驌所著書
命大學士張玉書物色元板明年四月令人賚白金二
百兩至鄒平購板入
內府同時有王爾膂字襄哉號止庵一號泡齋掖縣諸
生讀經宗漢學以爲鄭夾漈謂漢人窮經而經亡此言
大非漢儒有家法七十子之大義賴漢以存窮經而經
亡當在魏晉以後蓋荀虞之易亂於王輔嗣馬鄭之書
亡於僞孔氏賈服之春秋淆於杜元凱其幸存者毛鄭
之詩何氏之公羊鄭氏之三禮耳窮經當以毛何鄭爲

主然後後參以六朝唐宋元明諸儒擇其善而折衷焉庶
乎可矣其論讀史也以正史爲主而旁証以外史如前
後漢外有荀悅袁宏兩漢紀三國志外有蕭常續漢書
謝陛季漢書晉書外有崔鴻十六國春秋南北史宋齊
梁陳隋諸書外有許嵩建康實錄新唐書外有劉昫舊
唐書范祖禹唐鑑五代史外有尹洙五代春秋范坰林
禹吳越備史勾延慶錦里耆舊傳馬令陸游南唐書宋
史外北宋有王禹偁東都事略曾鞏隆平集南宋有李
心傳建炎以來朝野雜記徐夢莘北盟會編葉紹翁四
朝聞見錄元史外有蘇天爵名臣事略凡此諸書皆當

參互考訂以知其得失亦一時之學者也

國朝漢學師承記卷一

國朝漢學師承記卷二

甘泉江　藩纂

惠周惕　惠士奇　惠松崖

惠周惕字元龍一字研溪吳縣人先世居扶風遠祖元祐徙洛陽靖康末以文林閣學士扈高宗蹕如臨安家湖州生善分爲四支曰四七曰廿一曰三八曰小一三八支後七傳至倫始遷吳縣東渚郵五傳至洪洪年至一百五歲吳下所稱百歲翁是也洪生萬方萬方生有聲有聲生周惕有聲字樸庵明歲貢生與同里徐枋友善以九經教授鄉里尤精於詩研溪先生少傳家學又

從徐枋汪琬游工詩古文詞既壯阨於貧遍遊四方與當代名士交秀水朱彝尊亟稱之文名益著康熙辛未成進士選庶吉士因不習國書改密雲知縣卒於官著有易傳春秋問三禮問詩說及研溪詩文集子士奇字天牧晚年自號半農人研溪先生夢東里楊文貞公來謁已而生先生遂以文貞之名名之年十二即能詩有柳未成陰夕照多之句爲先輩所激賞二十一爲諸生不就省試或問之曰胷中無書焉用試爲乃奮志力學晨夕不輟遂博通六藝九經諸子及史漢三國志皆能闇誦嘗與名流宴集坐中有難之者曰聞君熟於史漢

試爲誦封禪書先生朗誦終篇不遺一字衆皆驚服戊子鄉試第一明年成進士選庶吉士散館授編修癸巳乙未會試兩充同考官

聖祖嘗問廷臣誰工作賦閣學蔣廷錫以華亭王頊齡仁和湯右曾及先生三人對其後己亥正月

太皇太后升祔禮成奉

命祭告炎帝陵舜陵故事祭告使臣學士以上乃得開列先生以編修得膺

寵命洵異數也庚子主湖廣鄉試冬奉

命督學廣東雍正元年癸卯

命留任三年嘗謂漢時蜀郡僻陋文翁守蜀選子弟就學遣雋士張寬等東受七經還以教授其後司馬相如王褒嚴遵揚雄相繼而起文章冠天下漢之蜀今之粵也於是毅然以經學倡三年之後通經者多文體爲之一變又謂今之校官古博士也博士明於古今通達國體今校官無博士之才弟子何所效法訪諸輿論有海陽進士翁廷資其學品勝校官之職具疏題補韶州府教授得以誘進多士吏部以學臣向無題補官員之例格不行

世宗特旨惠士奇居官聲名好所舉之人諒非徇私著

照所請補授後不爲例在任遷右春坊右中允超擢侍講學士轉侍讀學士丙午任滿還都送行者如堵牆旣去粵人設木主配食先賢廣州於三賢祠惠州於東坡祠潮州於昌黎祠元旦及生日諸生肅衣冠入拜其得士心如此丁未五月奉

旨修鎭江城以產盡停工罷官乾隆元年奉

旨調取來京引

見以講讀用所欠修城銀兩得寬免丁巳六月補侍讀戊午以病告歸辛酉三月卒年七十有一先生邃深經術撰易說六卷禮說十四卷春秋說十五卷其論易曰

易始於伏羲盛於文王大備於孔子而其說猶存於漢不明孔子之易不足與言文王不明文王之易不足與言伏羲舍文王孔子之易而遠問庖犧吾不知之矣漢儒言易如孟喜以卦氣京房以通變荀爽以升降鄭康成以爻辰虞翻以納甲其說不同而指歸則一皆不可廢今所傳之易出自費直費氏本古文王弼盡改爲俗書又創爲虛象之說遂舉漢學而空之而古學亡矣易者象也聖人觀象而繫辭君子觀象而玩辭六十四卦皆實象安得虛哉其論春秋曰春秋三傳事莫詳於左氏論莫正於穀梁韓宣子見魯春秋曰周禮盡在魯矣

然則春秋本周禮以記事也左氏褒貶皆春秋諸儒之論故紀事皆實而論或未公公羊不信國史惟篤信其師說師所未言則以意逆之故所失常多要之左氏得諸國史公穀得之師承雖互有得失不可偏廢後世有王通者好為大言以欺人乃曰三傳作而春秋散於是啖助趙匡之徒爭攻三傳以伸其異說夫春秋無左傳則二百四十年盲焉如坐闇室之中矣公穀二家即七十子之徒所傳之大義也後之學者當信而好之擇其善而從之若徒據孟子盡信書不如無書之說力排而痛詆之吾恐三傳廢而春秋亦隨之而亡也左氏最有

功於春秋公穀有功兼有過學者信其所必不可信疑其所必無可疑惑之甚者也其論周禮曰禮經出於屋壁多古字古音經之義存乎訓識字審音乃知其義故古訓不可改也康成注經皆從古讀蓋字有音義相近而譌者故讀從之後世不學遂謂康成好改字豈其然乎康成三禮何休公羊多引漢法以其去古未遠故借以爲說賈公彥於鄭注如飛茅扶蘇薄借綦之類皆不能疏所讀之字亦不能疏輒曰從俗讀甚違不知蓋闕之義夫漢遠於周而唐又遠於漢宜其說之不能盡通也況宋以後乎周秦諸子其文雖不盡雅馴然皆可引

爲禮經之證以其近古也幼時讀廿一史於天文樂律二志未盡通曉及官翰林因新法究推步之原著交食舉隅二卷言測日食者先求食限食限必在兩交去交近則食遠則否有入食限而不食者未有不入食限而食者也古法不能定朔故日食或在晦說者謂日之食晦朔之間月之食惟在望此知二五而不知十也日月有平行有實行有視行日月之食亦有實食有視食實食者日月在天相掩之實度視食者人在地所見之初虧食甚復圓也古術或知求實行莫知求視行皆知求平朔莫知求實朔故不能定朔者以此七政有高卑故

有恒星天有五星天有日天有月天古人以恒星最高遂指恒星爲天體新法於恒星天之外又有宗動天合於九重之數宗動者七政之所同宗也沈括謂日月星辰之行不相觸者氣而已此不知歷象者也如日月有氣而無體則月焉能揜日哉日高而月下五星亦有高下高下既殊又焉能相觸乎春秋日有食之既既者有繼之辭非盡也新法謂之金鐶食日大月小月不能盡揜日光故全食之時其中闇然而光溢於外狀若金鐶也又撰琴邃理數考四卷其略云十二律黃鍾至小呂爲陽甤賓至應鍾爲陰陽用正而陰用倍甤賓長小呂

短黃鍾中自古相傳之舊法也晉永嘉之亂有司失傳梁武帝始改舊法黃鍾長應鍾短小呂中由是陽正陰倍之法絕漢魏律遂小呂一均之下徵調黃鍾爲宮有小呂無蕤賓故假用小呂爲變徵黃鍾遂之黃鍾宮爲正宮小呂遂之黃鍾宮爲下宮徵最小而以爲宮故爲下宮隋鄭譯遂以黃鍾正宮當之擅去小呂用蕤賓以附會先儒宮濁羽清之說夫宮濁羽清者指下徵調而言譯改爲正宮是以歷代之樂皆患聲高隋唐以來惟奏黃鍾一均而旋宮之法廢矣古法盡亡獨存於琴遂遂孔疏密取則琴暉琴之十二律起於中暉遂之七音

生於宮孔黃鍾遂從宮孔黃鍾始一上一下終於蕤賓琴自中暉黃鍾始一左一右終於十暉書成惟嘉定王進士恪見而喜之餘莫能解也所著有紅豆齋小草詠史樂府及南中集采蓴集歸耕集各一卷人海集四卷時術錄一卷海內學者稱爲紅豆先生初研溪先生由東渚郡遷居郡城東南香溪之北郡城東禪寺有紅豆一株相傳白鴿禪師所種老而枯矣至是時復生新枝研溪先生移一枝植堦前生意鬱然僧睿目存爲繪紅豆新居圖自題五絕句又賦紅豆詞十首和者二百餘人四方名士過吳門者必停舟訪焉因自號紅豆主人

所以鄉人稱研溪先生曰老紅豆先生半農先生曰紅豆先生松崖先生曰小紅豆先生松崖先生半農先生之次子也名家諱字定宇一字松崖初爲吳江學生員復改歸元和籍自幼篤志向學家有藏書日夜講誦自經史諸子百家襍說及釋道二藏靡不穿穴父友臨川李紱一見奇之曰仲孺有子矣學士視學粵東先生從之任所粵中高才生蘇珥羅天尺何夢瑤陳海六時稱惠門四子常入署講論文藝與先生爲莫逆交至於學問該洽則四子皆自以爲遠不逮也及學士毀家修城先生往來京口饑寒困頓甚於寒素遭兩喪不以貧廢禮

終年課徒自給饘鬻常滿處之坦如雅愛典籍得一善本傾囊弗惜或借讀手抄校勘精審於古書之眞僞瞭然若辨黑白乾隆十五年

詔舉經明行修之士兩江總督文端公尹繼善文襄公黃廷桂交章論薦有博通經史學有淵源之語會大學士九卿索所著書未及進而罷歸然先生於兩公并有半面識也年五十後專心經術尤邃於易謂宣尼作十翼其微言大義七十子之徒相傳至漢猶有存者自王弼興而漢學亡幸傳其略於李鼎祚集解中精揅三十年引伸觸類始得貫通其旨乃撰周易述一編專宗虞

仲翔參以荀鄭諸家之義約其旨爲注演其說爲疏漢學之絕者千有五百餘年至是而粲然復章矣書甫成而疾革遂闕鼎至未濟十五卦及序卦雜卦傳二篇孔氏正義據馬融陸績說以爻辭爲周公所作與鄭學異其所執者明夷六五云箕子升六四云王用亨于岐山皆文王後事也先生獨能辨之於明夷之五曰箕子當從古文作其子其古音亥亦作其劉向云今易其子作荄茲荀爽據以爲說讀其子爲荄茲其與亥子與茲文異而音義同三統術云該閡于亥孳萌于子該荄亦同物也五本坤也坤終於亥乾出於子用晦而明明不可

息故云其子之明夷馬融俗儒不識七十子傳易之大義讀其爲箕荄滋象傳而謂五爲天位箕子臣也而當君位乖於易例甚矣謬種流傳兆於西漢博士施讐讀其爲箕蜀人趙賓述孟氏之學以爲箕子明夷陰陽氣無箕子箕子者萬物方荄茲也賓據古義以難諸儒諸儒皆屈於是施讐梁邱賀皆嫉之孟喜讐賀同事田王孫喜未貴而學獨高喜所傳易家候陰陽災變書得自王孫而賀惡之謂無此事語聞於上宣帝遂以喜爲改師法中梁邱之譖也讐賀嫉喜而並及賓班固作喜傳亦用讐賀之單詞皆非實錄劉向別錄猶循孟學故馬

融俗說荀爽獨知其非復用賓古義而晉人鄒湛以漫衍无經譏之蓋魏晉以後經師道喪王肅詆鄭氏而禘郊之義乖袁準毀蔡服而明堂之制亡鄒湛譏荀諝而周易之學晦郢書燕說一倡百和何尤乎後世之紛紜也於升之四曰文王爻辭皆據夏商之制春秋引夏書惟彼陶唐帥彼天常有此冀方服虔云堯居冀州虞夏因之禹貢冀州治梁及岐爾雅云梁山晉望也諸侯三望天子四望梁山爲晉望明梁岐皆冀州之望此王謂夏后氏受命祭告非文王也其說乾之四德曰元者天地之始說文元從一道立於一造分天地化生萬物乾

之初九積善在下陽之始生東方爲仁故云善之長陰陽交而後亨乾之九二當上升坤五爲天子故文言再言君德經凡言亨者皆謂乾坤交也乾六爻二四上匪正坤六爻初三五匪正乾變坤化六爻皆正成兩旣濟故云各正性命保合太和和卽利正卽貞也經凡言利貞者皆爻當位或變之正或剛柔相易惟旣濟一卦六爻皆正故云剛柔正而位當襍卦篇所謂旣濟定也卦具四德者七乾坤變化而成兩旣濟屯三爻變革四爻變皆成旣濟隨三四易位成旣濟无妄三四易位上爻又變而成旣濟臨二升居五位三爻又變而成旣濟故

皆言元亨利貞也其論占筮之法曰易稱天下之動貞夫一故卦爻之動一則正兩則惑京氏筮法一爻變者爲九六二爻以上變爲八晉公子得貞屯悔豫皆八乃三爻變不稱屯之豫而稱八穆姜遇艮之八乃五爻變不稱艮之隨而稱八所謂貞夫一也七者蓍之數八者卦之數蓍圓而神卦方以知神以知來知以藏往知來爲卦之未成者藏往爲卦之已成者故不曰七而曰八春秋內外傳無筮得某卦之七者以七爲蓍之數未成卦也又因學易而悟明堂之法撰明堂大道錄八卷禘說二卷大略謂說卦帝出乎震帝者五帝也在太微之

中五德相次以成四時聖人法之立明堂爲治天下之大法明堂有五室四堂室以祭天堂以布政王者承天統物各於其方以聽事謂之明堂月令令所傳月令是也古之聖人生有配天之德沒有配天之祭故太皞以下歷代所禘太皞以木德炎帝以火德黃帝以土德少皞以金德顓頊以水德王者行大享之禮於明堂謂之禘祖宗其郊則行之南郊禘郊祖宗曰大祭而總謂之禘者禘其祖之所自出故也鄭注大傳不王不禘及詩長發大禘箋皆云郊祀天是郊稱禘也周頌雝序云禘太祖也鄭箋云太祖謂文王是祖稱禘也劉歆云大禘

則終王是宗稱禘也董子曰天地者先祖之所自出也
禘者禘其祖之所自出故四大祭皆蒙禘名禘禮上溯
遠祖旁及毀廟下逮功臣聖人居天子之位行配天之
祭推人道以接天而天神降地示出人鬼格夫然而陰
陽和風雨時五穀熟草木茂羣生咸遂物无疵厲所謂
旣濟定也先儒皆以明堂上有靈臺下有辟雍四門有
太學頴容春秋釋例云太廟有八名肅然清靜謂之清
廟行禘祫序昭穆謂之太廟告朔行政謂之明堂行饗
射養國老謂之辟雍占雲物望氛祥謂之靈臺其四門
之學謂之太學其中室謂之太室總謂之宮盧植禮記

注亦云明堂卽太廟與靈臺辟雍古法皆同一處近世殊異分爲三耳而晉時袁準著論非之昧於古制矣王者覲諸侯或巡狩四岳則有方明方明者放乎明堂之制也亦謂之明堂荀子所謂築明堂於塞外以朝諸侯戰國時齊有泰山明堂卽方明也周書朝諸侯則於明堂覲諸侯則設方明故虞禮六宗而覲四岳羣牧周禮方明而覲公侯伯子男六宗方明卽明堂六天之神鄭氏謂天之司盟非也自明堂之制不詳而禘禮亦廢鄭氏知圜邱方邱之爲禘而不知爲明堂六帝王肅又誤據魯禘改禘爲宗廟之祭無配天之事此魏明所以廟

漢四百餘年廢無禘祀也禘行於明堂明堂之法本於易中庸言至誠可以贊化育與天地參此明堂配天之義也又有易漢學七卷易例二卷皆推演古義鍼砭俗說於書有古文尚書考二卷謂孔壁中古文得多十六篇內有九共九篇析之爲二十四篇鄭康成所傳之二十四篇卽孔壁眞古文東晉晚出之二十五篇與漢書不合可決其僞唐人詆鄭所傳爲張霸僞造者妄也今文太誓三篇其略見於太史公書太史公從安國問故當可信唐人尊信晚出之太誓而以今文太誓爲僞亦非也於春秋有左傳補注六卷自序云嘗見鄭康成之

周禮韋宏嗣之國語純采先儒之說末乃下以己意令學者審其異同杜元凱春秋集解雖根本前修而不著其說又其持論間與諸儒相違於是樂遜序義劉炫規過之書出焉今刺取經傳附以先世遺聞宗韋鄭之遺前修不揜效樂劉之意有失必規而於古今文之同異辨之尤悉云其注秦穆姬屬賈君用唐尚書說以賈君爲申生妃令尹蔿艾獵用世本說爲叔敖之兄同盟于亳城北用服虔本證亳爲京之譌塹防門而守之廣里用續漢書及京相璠說以防門廣里爲地名吳句餘用服虔說以爲吳子餘祭萬者二人用吳仁傑說二人當

爲二八臧文仲廢六關訓廢爲置讀如公羊廢其有聲者之廢皆前人所未及道也又言公羊有嚴顏二家蔡邕石經所定者嚴氏春秋也何邵公所注者顏氏春秋也石經公羊末云桓公二年顏氏有所見異辭云云僖公三十年顏氏言君出則已入今何本皆有之又云顏氏無伐而不言圍者非取邑之辭也今何本亦有之以此知何所注者顏氏本也鄭康成注三禮引隱二年放於此乎隱三年登戾之桓十一年遷鄭焉而鄙留皆與何氏異與石經同蓋鄭所據者嚴氏本也又云應劭風俗通稱穀梁爲子夏門人楊士勛謂受經於子夏按桓

譚新論云左氏傳世遭戰國寖微後百餘年魯穀梁赤爲春秋殘略多所違失然則穀梁子非親受經於子夏矣古人親受業者稱弟子轉相授者稱門人則穀梁於子夏猶孟子之於子思故麋信注穀梁以爲與秦孝公同時也楊士勛言穀梁作傳傳孫卿卿傳魯人申公申公傳博士江公按孫卿齊湣襄時人當秦之惠王則在其後卿所注書言天子廟數及賻賵襚含之義述春秋善胥命而言盟詛不及三王諸侯相見仁者居守皆本穀梁說其言傳孫卿信矣隱元年傳成人之美不成人之惡僖二十二年傳過而不改是謂之過二十三年

傳以不教民戰則是棄其師今皆在論語中傳所載與儀禮二記合者尤多故鄭康成曰穀梁善於經者也其論論語曰宣尼言述而不作於魯論見之鄉黨一書半是禮經堯曰數章全書訓典論君臣則人言不廢譏無恒則南國有言於善人爲邦則曰誠哉是言於隱居行義則曰吾聞其語素絢唐棣逸詩可誦百官冢宰古典可稽出門如見大賓使民如承大祭此胥臣多聞之所述也視其所以觀其所由察其所安此文王官人之所記也克己復禮左氏以爲古志已所不欲勿施於人管子以爲古語見小問篇參分天下而有其二周志之遺文也

今逸周書卽周志也在程典篇陳力就列不能者止周任之遺言也推此言之聖人豈空作哉其論爾雅曰釋詁釋訓乃周公所作以敎成王故詩稱古訓是式漢時謂之故訓又謂之詁訓詁訓者雅言也周之古訓仲山式之子之雅言門人記之俗儒不信爾雅而仲山之古訓夫子之雅言皆不存矣又撰九經古義十六卷討論古字古言以博異聞正俗學又以范蔚宗後漢書缺略遺誤范書行而東觀漢記謝承薛瑩司馬彪華嶠謝沈張瑩袁山濤諸家之書皆亡乃取初學記藝文類聚北堂書抄太平御覽諸書作後漢書補注十五卷所有撰述如王文簡公

精華錄訓纂二十四卷盛行於世論者以爲過於任淵之注山谷李壁之注荆公詩焉周易本義辨証五卷太上感應篇注二卷亦經好事刋刻惟山海經訓纂十八卷九曜齋筆記二卷松厓筆記二卷松厓文鈔二卷世無刋本又有諸史會最竹南漫錄皆未成書卒於乾隆二十三年戊寅五月年六十有二先生晚年盧運使見曾延至邗上如雅雨堂十種山左詩鈔感舊集皆先生手定焉同時與先生友善者沈彤沈大成大成字學子號沃田華亭人有學福齋集受業弟子最知名者余古農同宗艮庭兩先生如王光祿鳴盛錢少詹大昕戴編

修震王侍郎蘭泉先生皆執經問難以師禮事之錢少詹爲先生作傳論曰宋元以來說經之書盈屋充棟高者蔑棄古訓自誇心得下者勦襲人言以爲已有儒林之名徒爲空疏藏拙之地獨惠氏世守古學而先生所得尤深擬諸漢儒當在何邵公服子慎之間馬融趙岐輩不能及也

沈彤

沈彤字冠雲一字果堂吳江縣諸生也康熙雍正間何學士焯以制義倡導學者四方從游弟子著錄者四百餘人弟子中惟陳季方陳少章及彤最知名季方工文

詞少章精史學形獨以窮經爲事核先儒之異同而求其是爲文章不貴詞藻抒心自得而已應博學宏詞科以奏賦至夜半不及成詩不入選有人薦修三禮及大清一統志議敘得九品官恥不仕遂歸吳江閉戶治經矻矻終年羣經皆有撰述尤邃於禮著周官祿田考三卷因歐陽脩有周禮官多田少祿且不給之疑故詳究周制以與之辨官爵數公田數祿田數三篇積算特爲精密又以儀禮古人患其難讀自唐賈公彥後惟朱子李如圭張淳黃幹楊復五人乃專攻士禮者有儀禮小疏惜未成書惟有士冠禮士昏禮公食大夫禮士喪禮

喪服傳五篇每篇附以監本刊誤卷末又附左右異尙考一篇其說以康成公彥爲宗兼采元敖繼公之注然掊擊君善者十之七從其說者十之二三耳彤述作矜愼不輕意下筆所著如尙書小疏春秋左傳小疏僅有數十則以視近日士大夫急於成書蹈鹵莽滅裂之譏者有霄壤之分矣其書傳於世者周官祿田考儀禮小疏之外有吳江震澤二縣志果堂集十二卷彤老而無子窮困以卒得年六十有四藩向在京師有夫已氏問予曰叔嫂有服乎無服乎予答之曰據禮經是叔嫂無服也考奔喪云無服而爲位者唯嫂叔及婦人降而無

服者麻鄭注雖無服猶弔服加麻袒免爲位哭也則叔
嫂之服弔服加麻袒免既葬而除無所謂大功也夫已
氏出鄞人萬充宗叔嫂有服辨示予大笑曰子墨守鄭
學知其一而不知其二豈得謂禮家乎充宗之文因晉
成粲之說而曲解喪服傳夫之所爲兄弟服妻降一等
以證叔嫂之大功而謂康成不能解公彥强爲之解予
心知其說之謬然無以應也南歸後讀儀禮小疏曰夫
之所爲兄弟服妻降一等鄭於上記注云兄弟猶言族
親也此兄弟同義故不重出賈云妻從夫服其族親卽
上經夫之諸祖父母見於緦麻章夫之世叔父母見於

大功章夫之昆弟之子不降嫂叔又無服今言從夫降一等記其不見者當是夫之從母之類乎彤謂此條總結上經非專記其不見者夫之姑姊妹見於小功章賈乃遺之至云從母之類則有若夫之從祖父母夫之從父姊妹之類皆以小功而降爲緦有若夫之族曾祖父母族祖父母族父母及夫之從祖姑姊妹適人者之類夫皆爲之緦妻皆降而無服並包含於其中矣從母者母之女兄弟也故亦可稱兄弟此可以發成粲之癥結息充宗之狂喙矣且自愧不能潛心尋討傳文及鄭賈之說至爲夫已氏所折乃知果堂肄禮之精審如此嗟

乎先輩之用心縝密烏可及哉

余古農先生

先生諱蕭客字仲林別字古農吳縣布衣也先生生五歲父慕游粵西不歸母顏授以四子書五經夜則課以文選及唐宋人詩古文年十五通五經卽知氣理空言無補經術思讀漢唐注疏家貧不能蓄書有茗溪書棚徐姓識先生一日詣書棚借左傳注疏匝月讀畢歸其書徐姓訝其速曰子讀之熟矣乎曰然徐手翻一帙使先生背誦終卷無誤徐大駭曰子奇人也贈以十三經注疏十七史說文解字玉篇廣韻於是閉戶肆經史博

覽羣書性癖古籍聞有異書必徒步往借雖僕僕五六十里不以爲勞也以郭璞注爾雅用舊注而掩其名謂之攘善無恥乃探注疏及太平御覽諸書中犍爲舍人孫炎李巡舊注而爲之釋書未成先成注雅別鈔八卷專攻陸佃新義埤雅及羅願爾雅翼之謬兼及蔡卞毛詩名物解沈宗伯德潛見其書折節下交年二十二以注雅別鈔就正於松崖先生先生曰陸佃蔡卞乃安石新學人人知其非不足辨羅願非有宋大儒亦不必辨子讀書撰著當務其大者遠者先生聞之矍然遂執贄受業稱弟子焉吳縣朱丈文游藏書之富甲於吳門延

先生教讀館於滋蘭堂中得遍讀四部之書又嘗閱道藏於元妙觀閱佛藏於南禪寺居恒手一編弗輟日不足則繼之以夜於是目力虧損不見一物有人傳以坐暗室中目蒙藍布存想北斗七宿一年之後目雖能視然讀書但能讀大字本而已直隸總督方恪敏公觀承聞其名延至保定修畿輔水利志間游京師與朱學士筠河先生紀文達公昀胡文恪公高望相友善咸謂其學在深寧亭林之間因目疾復作舉歙戴震以代遂南歸以經術教授鄉里閉目口授生徒極盛是時江震滄孝廉名筠者亦以目疾教讀時人皆稱為盲先生同郡

以經義詩古文詞相論難者薛家三先生汪愛廬先生彭進士紹升汪孝廉元亮先生上下議論風發泉湧家三先生曰鬼谷子縱橫家舌有鋒鍔不可當也先生狀貌奇偉頂有二肉角疎眉大眼口侈多髯如軌革家懸鬼谷子像故同社中戲呼爲鬼谷子乾隆年間
詔開四庫館徵四方名彥充校讎之任有人以山陰童鈺及先生名達於金壇因一諸生一布衣格於例不果薦先生貧病交攻再娶無子卒年四十有七其牢騷不平之氣往往托之美人香草形於歌詠哀音微茫有騷人之遺意焉生平著述甚多爾雅釋注雅別鈔悔其少

作不以示人文選音義亦悔少作然久已刊行乃別撰文選雜題三十卷又有選音樓詩拾若干卷先生深於選學因名其樓曰選音疾革之時以雜題詩集付弟子朱敬輿敬輿寶爲枕中秘以是學者罕知之惟古經解鉤沉已入

四庫經部當日戴震謂是書有鉤而未沉者有沉而未鉤者然沉而未鉤誠如震言若曰鉤而未沉則震之妄言也今核考其書豈有是哉惟皇侃論語義疏其書出於著鉤沉之後且爲足利贋鼎何得謂之鉤而未沉者乎藩爲先生受業弟子聞之先生曰鉤沉一書漢晉唐

三代經注之亡者本欲盡采因乾隆壬午四月得虛損症危若朝露急欲成書乃取舊稿錄成付梓至今歉然吾精力衰矣汝能足成之亦經籍之幸也藩自心喪之後遭家多故奔走四方雨雪載塗饑寒切體不能專志壹心從事編輯今年已五十忽忽老矣歎治生之難蹈不習之罪有負師訓能不悲哉

江艮庭先生

先生諱聲本字鱷濤後改叔澐其先世居休寧之梅田後遷蘇州又遷無錫復歸吳下遂爲吳縣人少與兄震滄孝廉同學不事帖括讀尙書怪古文與今文不類又

怪孔傳庸劣且甚支離安國所爲不應若此年三十五師事同郡通儒惠松崖徵君得讀所著古文尚書考及閻若璩古文疏證乃知古文及孔傳皆晉時人僞作於是集漢儒之說以注二十九篇漢注不備則旁考他書精研故訓成尚書集註音疏十二卷附補誼九條識僞字一條尚書集註音疏前後述外編一卷尚書經師系表也經文註疏皆以古篆書之疑僞古文者始於宋之吳才老朱子以後吳草廬郝京山梅鷟皆不能得其要領至本朝閻惠兩徵君所著之書乃能發其作僞之跡剿竊之原若刊正經文疏明古注則皆未之及也先生

出而集大成豈非伏孔馬鄭之功臣乎其辨泰誓曰泰誓今文古文皆有之漢儒皆誦習之馬鄭皆爲之注自東晉僞古文出則有泰誓三篇世無具巨眼人遂翕然信奉以爲孔壁古文因目此爲今文且反疑其僞以故寖微而至於亡顧其遺文記火流穀至之事且無諸傳記所引之語故馬融雖爲之注不能無疑今姑備錄馬說而辯之馬融書敘曰泰誓後得案其文似若淺露又云八百諸侯不召自來不期同時不謀同詞及火復于上至于王屋流爲雕五至以穀俱來舉火神怪得毋在子所不語中乎又春秋引泰誓曰民之所欲天必從之

國語引泰誓曰朕夢協朕卜襲于休祥戎商必克孟子引泰誓曰我武惟揚侵于之疆則取于殘殺伐用張于湯有光孫卿引泰誓曰獨夫紂禮記引泰誓曰予克紂非予武惟朕文考無罪紂克予非朕文考有罪惟予小子無良今之泰誓皆無此語吾見書傳多矣所引泰誓而不在泰誓者甚多弗復悉記略舉五事以明之亦可知矣馬此說具正義辯之曰案融之意以泰誓非伏生所傳故疑之爾融獨不見伏生之尚書大傳乎泰誓維四月太子發上祭于畢云云大傳既引其文矣其所以不傳者蓋生年老容有遺忘自所得二十八篇之外不

能記憶其全故爾大傳引九共曰予辨下土使民平平使民無敖引帝告曰施章乃服明上下能錄其片語而不傳其全文是其不能記憶之明驗也然則泰誓雖不出於伏生不得謂非泰火已前伏生所藏之舊文矣且漢書藝文志云尚書古文經四十六卷爲五十七篇計伏生書二十八篇三分盤庚則爲三十加孔氏多出之二十四篇才五十四加太誓三篇適五十七無泰誓則不符其數又李顒集注尚書於此泰誓輒引孔安國曰則孔氏古文亦有此篇安國且作傳矣而兩漢諸儒備見今文古文者未嘗疑泰誓有今古文之異然則今文

泰誓同乎古文又可知矣融獨以其後得而疑之則五十四篇惡在其可信邪若其所稱八百諸侯不期而會則婁敬說高帝嘗言之矣司馬子長亦錄其文於本紀矣不旣信而有徵乎又若火流爲雕以穀俱來斯乃符命之應猶龜書馬圖之屬也孔子繫易曰河出圖洛出書聖人則之論語記孔子之言曰鳳鳥不至河不出圖吾已矣夫然則符瑞之徵聖人且覬幸遇之而乃以火流穀至爲神怪謂爲子所不語豈通論乎且思文之詩不云乎詒我來麰帝命率育卽此以穀俱來之謂融亦將斥詩爲誕乎不然詩則信之書則疑之進退皆無據

矣融又以書傳所引泰誓甚多而疑此泰誓皆無有又案湯誓篇傳自伏生既又出諸孔壁今文古文若合符節而予小子履敢用元牡云云載於墨子兼愛篇而湯誓未有其文故孔安國注論語堯曰篇不敢質言湯誓之文而云墨子引湯誓其詞若此又墨子尚賢篇引泰誓曰聿求元聖與之戮力同心以治天下而湯誓中亦無之然而謂湯誓有逸文可也謂湯誓爲僞書則不可以此相況泰誓亦猶是耳夫復奚疑哉不獨此也大傳引盤庚曰若德明哉湯任父言卑應言引無逸曰厥兆天子爵今盤庚無逸具在而皆無是言經與傳俱出於

伏生不應傳錄其文經反遺其語然則伏生旣傳之後歐陽夏侯遞有師承猶不能無闕逸況泰誓經灰燼之餘百年而出反怪其有遺逸邪且夫傳記諸書夫人而見之矣苟欲僞造必不敢張空拳以自吐其胸臆並不敢出神奇以駭人之觀聽將摭拾典籍以龔補綴依據誼理以爲干城以求售其欺於後世如彼僞孔氏之所爲矣安肯故留此閒隙以滋後人之議哉蓋惟當時實有其事史官據事直書而無所顧忌故有火流穀至之文逮其後遺文殘闕傳之者謹守殘編而不敢補緝故無諸傳記所引之語斯何足怪乎季長之說吾不謂然

故爲此辨此又閻惠二君之所未及也先生精於小學以許叔重說文解字爲宗說文所無之字必求假借之字以代之生平不作楷書即與人往來筆札皆作古篆見者訝以爲天書符籙俗儒往往非笑之而先生不顧也嘗著六書說一首自書勒石其說轉注以五百四十部爲建類一首以凡某之屬皆從某爲同意相受實前人所未發又恒星說一卷文不錄喜爲北宋人小詞亦以篆書書之先生性耿介不慕榮利交游如王光祿鳴盛王侍郎蘭泉先生畢制軍沅皆重其品藻而先生未嘗以私事干之所以當事益重其人嘉慶元年

詔開孝廉方正科江蘇巡撫費公淳首舉先生
賜六品頂帶卒年七十有八晚年因性不諧俗動與時
違取周易艮背之義自號艮庭學者稱爲艮庭先生云
藩少從古農先生學先生沒後藩汎濫諸子百家如涉
大海茫無涯涘先生敎之讀七經三史及許氏說文乃
從先生受惠氏易讀書有疑義質之先生指畫口授每
至漏四下猶講論不已可謂誨人不倦者矣子鏐字貢
庭名諸生孫沅字鐵君優貢生世傳其學弟子數十人
元和顧廣圻長洲徐頲最知名廣圻字千里號澗薲邑
諸生天資過人無書不讀經史小學天文歷算輿地之

學靡不貫通又能爲詩古文詞駢體文字當今海内學者莫之或先也顕字述卿嘉慶甲子舉人乙丑以第二人及第今官翰林院編修先生老友中來往親密者錢宫詹大昕褚部郎寅亮宫詹别有傳

褚寅亮

褚寅亮字搢升號鶴侶一字宗鄭長洲人也乾隆十六年召試舉人内閣中書官至刑部員外郎與錢宫詹大昕爲同年友深於經學從事禮經幾三十年嘗謂宋人説經好爲新説棄古注如土苴惟儀禮一書爲樸學空談

義理者不能措辭而晦庵勉齋信齋又崇信之故鄭氏之學未爲異義所汨至元吳興敖繼公撰集說雖云采先儒之言其實自注疏而外皆自逞私意專攻鄭氏學者苦注疏之難讀而喜其平易乃盛行於世蓋君善之意不在解經而有意與康成立異特其巧於立言含而不露若無意於排擊者是以入其元中而不悟至於說有不通甚且改竄經文曲就其義不幾於無所忌憚乎著儀禮管見四卷其說之最精者如鄉飲酒記北面者不東上敖改東爲西駁之曰注明言統於門門在東則不得以西爲上也鄉射記勝者之弟子洗觶升酌南面坐

奠於豐上降袒執弓反位敖以袒執弓句爲衍騐之日勝者之弟子即射賓中年少者以是勝黨故袒執弓非衍文也燕禮勝觚於賓敖改觚爲觶騐之日凡獻以爵者酬以觶燕禮宰夫主獻旣不以爵則酬亦不以觶矣安可破觚爲觶乎大射儀以耦左還上射於左敖依鄉射改爲於右騐之日上射位在北下射位在南鄉射大射所同但鄉射位在楅西從楅向西則北爲右大射次在楅東從楅向東則北爲左敖比而同之昧於東西之別矣喪服記公子爲其妻縓冠敖改縓爲練騐之日練冠之紕亦飾以縓故閒傳云練冠縓緣就其質言之日

練冠就其紕言之曰縓冠毋重故言其質妻輕故言其紕非有二也士虞禮明齊醙酒敖以醙酒爲衍文駁之曰注明言有酒無醴據下文普薦醙酒亦專言酒不及醴豈得妄解明齊爲醴輒刪經文乎特牲饋食禮三拜衆賓衆賓荅再拜敖改再爲一駁之曰鄉飲酒衆賓荅一拜者大夫爲主人也有司徹之荅一拜者大夫爲祭主也此士禮安得以彼相例乎寅亮精天文歷算之術尤長於句股和較相求諸法作句股廣問三卷錢少詹著三統術衍寅亮校正刊本誤字如月相求六扐之數句六扐當作七扐推閏餘所在加十得一句加十當作

加七少詹服其精審早年爲公羊何休之學撰公羊義疏二十九卷又以玉篇廣韻諸書中字體之不悖於六書者補許氏說文之闕名曰說文補遺其書藏於家乾隆五十三年以老疾告歸未幾卒慈銘案錢士琦吳門補乘續編載褚搢升所箸有儀禮管見十七卷儀禮蒼問三卷春秋公羊傳釋例三十卷周易一得四卷四書自課錄及補遺四十卷周禮公羊異義二卷十三經筆記十卷穀經一卷句股三角術圖解缺卷數諸史筆記八卷諸子筆記二卷諸名家文集筆記七卷雜記四卷宗鄭山房古文八卷四六賦三卷古今體詩十六卷皆未刊重訂朱子年譜一卷校正二李譔之誤已刻又言其父省曾字諗將長洲諸生箸有詩經遺音十卷搢升子鳴皦字德音乾隆二十七年順天舉人官通山知縣

國朝漢學師承記卷二

國朝漢學師承記卷三

甘泉江　藩纂

王鳴盛金曰追

王鳴盛字鳳喈一字禮堂別字西莊嘉定人生而敏慧四歲隨王父讀書丹徒學署日識數百字縣令馮詠以神童目之年十二爲四書文才氣浩瀚已有名家風度年十七補諸生屢試第一鄉試中副榜才名藉甚江蘇巡撫陳文肅公大受招入蘇州紫陽書院院長歸安吳大紱常熟王峻皆賞其才乾隆十二年鄉試以五經中式會試不第客游蘇州時沈文慤公德潛以禮部侍郎

致仕海內英儁之士皆出其門下與王侍郎蘭泉先生錢少詹大昕吳內翰企晉及曹仁虎趙文哲黃文蓮相唱和文懿以爲不下嘉靖七子又與惠松崖徵君講經義知詁訓必以漢儒爲宗精研尚書久之乃信東晉之古文固僞而馬鄭所注實孔壁之古文也東晉所獻之大誓固僞而唐人所斥爲僞大誓者實非僞也古文之眞僞辨而尚書二十九篇粲然具在知所從事矣十九年莊培因榜以第二人及第授編修公卿爭以禮致之刑部侍郎秦蕙田修五禮通考屬以分修尤見重於掌院學士蔣文恪公溥二十三年

天子親試翰詹諸臣
特置一等一名擢侍講學士充
日講起居注官明年充福建正考官未藏事即有內閣
學士兼禮部侍郎之
命還京有御史論其馳驛濫用驛馬罣吏議左遷光祿
寺卿尋丁內艱歸遂不復出卜居蘇州閶門外不與當
事通亦不與朝貴接家本寒素賣文諛墓以自給餘則
一介不取也閉戶讀書日夕探討嘗謂漢儒說經必守
家法亦云師法自唐貞觀撰諸經義疏而家法亡宋元
豐以新義取士而漢學殆絕今好古之士皆知崇注疏

矣然經注惟詩三禮及公羊傳猶是漢人家法餘經則
出於魏晉未爲醇備故所撰尚書後案以鄭馬爲主不
得已間采僞孔王肅而唐宋諸儒之說槩不取焉又撰
十七史商榷一百卷主於校勘本文補正譌脫審事迹
之虛實辨紀傳之異同最詳於輿地職官典章制度獨
不喜褒貶人物以爲空言無益也又有蛾術編一百卷
其目有十說錄說字說地說制說人說物說集說刻說
通說系其書辨博詳明與洪容齋王深寧不相上下詩
宗盛唐中年出入於香山東坡晚年獨愛玉谿生謂少
陵以後一人手定詩集二十四卷古文若干卷老年因

讀書窮日夜不輟目遂瞽有吳興醫鍼之而愈著書如常乃自號西沚卒年七十有八藩十六歲時著爾雅正字光祿在艮庭先生家見此書囑艮庭先生招藩往謁奬賞不去口嘗謂藩曰子門下士以金子璞園爲第一予近日得見好學深思之士惟子及李子賡芸費子士璣三人而已璞園名曰追嘉定諸生閉門校書不求聞達十三經皆有校本而儀禮尤精著有儀禮正譌十七卷行於世士璣吳江人嘉慶戊午科舉人治漢易李賡芸號許齋嘉定人深於小學乾隆庚戌成進士今官浙江嘉興府知府鄭爵官至福建布政使以清勁爲總督汪志伊所忌因事陷之縊而卒高郵王文簡平反之　成皇帝褒之曰良吏乃免志伊官

錢大昕 錢塘 錢坫

錢大昕字曉徵一字辛楣又號竹汀先世自常熟徙居嘉定遂爲嘉定人生而穎悟讀書十行俱下年十五爲諸生有神童之目時紫陽書院院長王侍御峻詢嘉定人材於王光祿西沚以先生對先生西沚之妹婿也侍御告之巡撫雅蔚文檄召至院中試以周禮文獻通考兩論下筆千言悉中典要侍御歎爲奇才乾隆十六年高宗純皇帝南巡獻賦

行在

召試舉人以內閣中書補用在京師與同年長洲褚寅

亮全椒吳朗講明九章算學及歐羅巴測量弧三角諸
法時禮部尚書大興何翰如久領
欽天監事精於推步時來內閣與先生論李氏薛氏梅
氏及西人利瑪竇湯若望南懷仁諸家之術翰如遜謝
以爲不及也先是在吳門時與元和惠定宇吳江沈冠
雲兩徵君游乃精研古經義聲音訓詁之學旁及壬遁
太乙星命靡不博綜而深究焉乾隆十九年莊培因榜
成進士散館授編修二十三年大考翰詹以二等一名
擢右贊善尋遷侍讀二十八年又以大考一等三名擢
侍講學士充

日講起居注官三十七年改補侍讀學士其年冬擢詹
事府少詹事
純皇帝深知爲績學之士官侍讀學士時即
命入直上書房授
皇十二子書又奉
敕修熱河志續文獻通考續通志一統志天毬圖皆預
纂修之列己卯壬午乙酉甲午充山東湖南浙江河南
主考官庚辰丙戌充會試同考官主考河南之年授廣
東學政明年夏以丁外艱歸先生淡於名利慕邴曼容
之爲人嘗謂官至四品可以歸田故奉諱家居之後即

引疾不出矣嘉慶四年
今上親政垂詢大昕家居狀朝貴寓書敦勸還
朝婉言謝之嘉慶九年十月二十日卒於紫陽書院年
七十有七先生深於經史之學其論易先天後天之說
曰說卦傳孔子所作其言曰震東方巽東南離南方乾
西北坎正北艮東北惟不見坤兌二方兌爲正秋則必
正西方矣坤介於離兌之間亦必位西南矣伏羲畫卦
以來蓋已有之伏羲以木德王而傳稱帝出乎震是震
東巽東南之位必出於伏羲不當別有方位也漢唐以
前儒家與方士均未有言先天圖者宋初方士始言之

而儒家尊信其說欲取以駕乎文王孔子之上毋乃好奇而誣聖人乎天地水火雷風山澤各自相對本無方位之可言後儒援天地定位四語傅會先天之說尤爲非是夫天高而尊地下而卑古今不易之位也地勢北高而南下君位北而南面臣位南而北面信如乾南坤北之說上下傎倒甚矣安得云定位乎論虞氏之卦之說曰之卦卽變卦也虞仲翔說易專取旁通與之卦旁通者乾與坤坎與離艮與兌震與巽交相變也之卦則以兩爻交易而得一卦乾坤者諸卦之宗復臨泰大壯夬陽息卦姤遯否觀剝陰消卦皆自乾坤來而諸卦又

生於消息卦三陰三陽之卦自泰來者九恒初四易也井初五易也蠱初上易也豐二四易也既濟二五易也賁二上易也歸妹三四易也節三五易也損三上易也自否來者九益初四易也噬嗑初五易也隨初上易也渙二四易也未濟二五易也困二上易也漸三四易也旅三五易也咸三上易也二陰二陽之卦自臨來者四升初三易也解初四易也明夷二三易也震二四易也自遯來者四无妄初三易也家人初四易也訟二三易也巽二四易也自大壯來者四大畜上四易也睽上三易也需五四易也兌五三易也自觀來者四萃上四易

也蹇上三易也晉五四易也艮五三易也臨二之五爲
屯觀上之初亦爲屯臨初之上爲蒙觀五之二亦爲蒙
故不從自臨觀來之例於屯曰坎二之初於蒙曰艮三
之二也遯二之五爲鼎大壯上之初亦爲鼎遯初之上
爲革大壯五之二亦爲革於例不當從遯大壯來而仲
翔於鼎曰大壯上之初於革曰遯初之上失其義矣愚
謂鼎蓋離二之初革蓋兌三之二也臨初之五爲坎觀
上之二亦爲坎遯初之五爲離大壯上之二亦爲離臨
二之上爲頤觀五之初亦爲頤遯二之上爲大過大壯
五之初亦爲大過此四卦亦不得從臨觀遯大壯來之

例中孚小過二卦則非臨觀遯大壯所能變且頤大過中孚小過與坎離乾坤皆反覆不衰之卦故别自爲例於頤曰晉四之初於大過曰訟三之上於中孚曰訟四之初於小過曰晉三之上而仲翔於大過仍取大壯五之初於頤兼取臨二之上又於坎云觀上之二於離云遯初之五皆自紊其例也一陰一陽之卦仲翔説易未及之今依其例理而董之則復初之二爲師初之三爲謙剝上之五爲比上之四爲豫姤初之二爲同人初之三爲履夬上之五爲大有上之四爲小畜每卦當各生二卦也而仲翔於謙云剝上之三蔡君謨説於豫云復初之

四於比云師二之五此別取兩象易爲義其注大畜云萃五之二成臨於豐云噬嗑上之三於旅云賁初之四亦兩象易也睽本大壯上之三而仲翔注繫辭蓋取諸睽又云无妄五之二亦自紊其例也論鄭爻辰之例曰鄭氏爻辰之例初九辰在子頤初云舍爾靈龜子爲天黿龜者黿屬也同人初云同人于門隨初云出門交有功節初云不出戶庭子上直危危爲蓋屋故有門戶之象節九二不出門庭二亦據初故云門也明夷初云三日不食子爲元枵虛中也故有不食之象九二辰在寅泰二云用馮河寅上直天漢雲漢天河也九三辰在辰

大壯三云羸其角辰上直角也九五辰在申萃五云大人虎變申上直參參爲白虎也上九辰在戌睽上云見豕負塗戌上直奎奎爲封豕也初六辰在未小過初云飛鳥以凶未爲鶉首也六三辰在亥上直營室營室爲清廟萃渙之彖辭皆云王假有廟謂六三也六四辰在丑大畜四云童牛之牿丑上直牽牛也上六辰在巳小過上云飛鳥離之巳爲鶉尾也小過六爻惟初上有飛鳥之象此其義也解上云公用射隼巳上直翼翼爲羽翮有隼象也此皆可以爻辰求之者也康成初習京氏易後從馬季長授費氏易費氏有周易分野一書其爻

辰之法所從出乎論孔壁書增多二十四篇康成旣親見之何以不爲之注曰漢儒無無師之學古文尚書初得之屋壁未有能通之者孔安國始以今文讀之而成孔氏之學然安國非能自造也亦由先通伏生書古今文本不相遠以此證彼易於闓闢惟文義不能相通者乃別爲之說以名其學若增多之書旣無今文可相參攷雖亦寫定而不爲訓詁故馬季長云逸十六篇絕無師說也自安國以及衛賈馬諸君皆未有說此逸篇者康成又何能以無徵不信之說著於竹帛乎卽如禮古經五十六篇鄭亦親見之其注儀禮多以古文參定而

不注增多之三十九篇亦以無師說故也左氏得劉子駿粗通大義故流傳至今而逸書逸禮無師說故皆亡於永嘉自東晉古文出乃有安國承詔爲五十八篇作傳之語夫使安國果爲逸篇作傳則都尉朝庸生輩必兼受之何以馬鄭以前傳古文者皆止二十九篇已哉朱文公疑康成不解逸禮三十九篇予向亦未喻其故今因論古文逸篇而並悟及之論詩毛傳多轉音日古人音隨義轉故字或數音小旻謀夫孔多是用不集與猶咎爲韻韓詩集作就於音爲協毛公雖不破字而訓集爲就卽是讀如就音書顧命克達殷集大命漢石經

集作就吳越春秋子不聞河上之歌乎同病相憐同憂相救驚翔之鳥相隨而集瀨下之水回復俱留是集有就音也瞻卬藐藐昊天無不克鞏傳訓鞏爲固卽轉從固音與下句後爲韻也載芟匪且有且傳訓且爲此卽轉從此音與下句玆爲韻也顧亭林泥於一字秖有一音遂謂詩有無韻之句是不然矣溱洧之溱本當作潧說文潧水出鄭國引詩潧與洧方渙渙兮是也今毛詩作溱者讀潧如溱以諧韻耳溱卽潧之轉音不可謂詩失韻亦不可據詩以疑說文也魯頌烝徒增增傳云增增衆也本爾雅釋訓文而小雅室家溱溱傳亦云溱溱

衆也增溱聲相近轉增爲溱溱亦以諧韻與潧洧作溱洧同論春秋曰孟子言孔子成春秋而亂臣賊子懼愚嘗疑之將謂當時之亂賊懼乎則趙盾崔杼之倫史臣固已直筆書之不待春秋也將謂後代之亂賊懼乎則春秋以後亂賊仍不絕於史冊吾未見其能懼也孟氏之言毋乃大而夸乎然孟子固言春秋者天子之事也述王道以爲後王法防其未然非刺其巳然也太史公曰撥亂世反之正莫近乎春秋又曰有國家者不可以不知春秋前有讒而弗見後有賊而不知爲人臣子者不可以不知春秋守經事而不知其宜遭變事而不知其

權春秋之法行而亂臣賊子無所容其身故曰懼也凡篡弒之事必有其漸聖人隨事爲之杜其漸隱之弒也於翬帥師師戒之子般之弒也於公子慶父帥師伐於餘邱戒之此大夫不得專兵柄之義也尹氏立王子朝在昭公之世而書尹氏卒於隱之策崔杼弒君在襄公之世而書崔氏奔衞於宣之策此卿不得世之義也齊侯使其弟年來聘再見於春秋爲無知之弒君張本也母弟雖親不可使踰其分也趙穿弒君而以趙盾主惡名穿之弒由於盾也胥甲父與穿同罪盾於甲父則放之於穿不惟不放且使之帥師侵崇盾尚得辭其罪乎侵

崇小事不必書而書之所以正盾之罪且不使穿得漏
網也鄭公子宋弑君而以歸生主惡名歸生正卿且嘗
帥師敗華元矣力足以制宋而從宋之逆較之趙盾又
有甚焉不得託於本無逆謀也楚公子比之弑君棄疾
成之而比獨主惡名者奸君位也而棄疾之惡終不可
掩故以相殺爲文著其罪同然比與棄疾皆楚靈之弟
靈逐比而任棄疾卒死於二人之手先書比奔晉又書
棄疾帥師圍蔡明君之昆弟不可以愛憎爲予奪也衞
孫甯出其君而以出奔爲文衎有失國之道也貶衎則
嫌於獎剽故先書公孫剽來聘以見義公孫而干正統

其罪不可掩也楚商臣蔡般之弑子不子父亦不父也許止不嘗藥非大惡而特書弑以明孝子之義非由君有失德故楚蔡之君不書葬而許獨書葬所以責楚蔡二君之不能正家也楚成之事與晉獻畧同子孝則爲申生子不孝則爲商臣而晉亦尋有奚齊與卓之弑未有家不齊而國治者也故晉獻之卒亦不書葬也書閽弑吳子餘祭戒人君之近刑人也書盜弑蔡侯申戒人君之疏大臣而近小人也欒盈之入曲沃趙鞅之入晉陽書之以戒大都耦國之漸人臣不可專其私邑也楚子虔弑於乾谿書其地著役之久也君親出師久而不

歸禍之不旋踵宜矣楚之强莫强於虔伐吴執慶封滅
賴滅陳滅蔡史不絕書而無救於弑者無德而有功天
所惡也宋襄公用鄫楚靈王用蔡世子皆特書之惡其
不仁也且以微二君之强死非不幸也宋公與夷齊侯
光楚子虔以好戰而弑晉侯州蒲以誅戮大臣而弑經
皆先文以見義所以爲有國家者戒至深切矣左氏傳
曰凡弑君稱君君無道也稱臣臣之罪也後儒多以斯
語爲詬病愚謂君誠有道何至於弑遇弑者皆無道之
君也其賊之有主名者書名以著臣之罪其微者不書
不足書也無主名者亦闕而不書史之愼也非恕臣之

罪也聖人修春秋述王道以戒後世俾其君爲有道之君正心修身齊家治國各得其所又何亂臣賊子之有若夫簒弑已成據事而書之良史之職耳非所謂其義則竊取之者也秦漢以後亂賊不絕於史由上之人無以春秋之義見諸行事故爾故曰惟孟子能知春秋論婦人七出之說曰七出之文先王所以扶陽抑陰而家道所以不至於窮而乖也夫父子兄弟以天合者也夫婦以人合者也以天合者無所逃於天地之間而以人合者可制以去就之義堯舜之道不外乎孝弟而孝弟之衰自各私其妻始妻之於夫其初固路人也以室家

之恩聯之其情易親至於夫之父母夫之兄弟姊妹夫之兄弟之妻皆路人也非有一日之恩苐推夫之親以親之其情固已不相屬矣矧婦人之性貪而吝柔而狠而築里姑姊之倫亦婦人也同居而志不相得往往有之其眞能安於義命者十不得一也先王設爲可去之義義合則留不合則去俾能執婦道者可守從一之貞否則寧割伉儷之愛勿傷骨肉之恩故嫁曰歸出亦曰歸以此坊民恐其孝衰於妻子也然則聖人於女子抑之不已甚乎曰去婦之義非徒以全丈夫亦所以保匹婦後世閭里之婦失愛於舅姑讒間於叔妹抑鬱而死

者有之或其夫淫酗凶悍寵溺嬖媵凌迫而死者有之準之古禮固有可去之義亦何必束縛之禁錮之置之必死之地以爲快乎先儒戒寡婦之再嫁以爲餓死事小失節事大子謂全一女子之名其事小得罪於父母兄弟其事大故父母兄弟不可乖而妻則可去去而更嫁不謂之失節使其過在婦歟不合而嫁嫁而仍窮自作之孽不可逭也使其過不在婦歟出而嫁於鄉里猶不失爲善婦不必强而留之使夫婦之道苦也自七出之法不行而牝雞之司晨日熾夫之制於婦者隱忍而不能去甚至於破家絕嗣而有司之斷斯獄者猶欲合

之知女之不可事二夫而不知失婦道者雖事一夫未可以言烈也知臣之不可事二君而不知失臣節者雖事一君未可以言忠也此未論先王制禮之意也論性與天道之說曰經典言天道者皆以吉凶禍福言易天道虧盈而益謙春秋傳天道多在西北天道遠人道邇吾非瞽史焉知天道古文尚書滿招損謙受益時乃天道天道福善禍淫史記天道無親常與善人皆此道也鄭康成注論語曰天道七政變通之占與易春秋義正同孟子云聖人之於天道也亦謂吉凶陰陽之道聖人有所不知故曰命也否則性與天道又何別焉一說性

與天道猶言性與天合也後漢書馮異傳臣伏自思惟以詔勅戰攻每輒如意時以私心斷決未嘗不有悔國家獨見之明久而益遠乃知性與天道不可得而聞也管輅列傳苟非性與天道何由背爻象而任心胸晉書紀瞻傳陛下性與天道猶復役機神於史籍此亦漢儒相承之說而何平叔俱不取論孟子決汝漢排淮泗而注之江先儒以爲記者之誤曰漢儒趙邠卿注孟子於此文未嘗致疑宋以後儒乃疑之予謂孟子長於詩書豈不能讀禹貢且生於鄒嶧淮泗之下流近在數百里之間何至有誤蓋天下之水莫大於海而江卽次之故

老子以江海爲百谷王南條之水皆先入江後入海世徒知毗陵爲江入海之口不知朐山以南餘姚以北之海皆江之委也漢水入江二千餘里而尙有北江之名淮口距江口僅五百里其爲江之下流何疑禹貢云沿于江海達于淮泗此卽淮泗注江之證注江者會江以注海與導水之文初不相悖也說文云江水至會稽山陰爲浙江浙江者漸江也漸江與江水不同源而得名江者源異而委同也國語吳之與越三江環之韋昭以爲吳松江錢塘江浦陽江也錢塘江卽浙江吳松浦陽亦注江而後注海故皆有江之名漢儒去古未遠其言

江之下流不專指毗陵一處如知會稽山陰亦爲江水所至則無疑乎淮泗注江之文矣此先生說經之大略也至於辨文字之詁訓考古今之音韻以及天文輿地草木蟲魚散見於文集十駕齋養新錄者不下數萬言文多不載嘗謂自惠戴之學盛行於世天下學者但治古經略涉三史三史以下茫然不知得謂之通儒乎所著二十二史考異蓋有爲而作也又謂史之蕪陋未有甚於元史者顧寧人謂食貨選舉二志皆案牘之文朱錫鬯謂列傳既有速不台矣而又有雪不台既有完者都矣而又有完者拔都既有石抹也先矣而又有石抹

阿辛阿塔赤忽剌出兩人旣附書於杭忽思直脫兒之傳矣而又別爲立傳皆乖謬之甚者金華烏傷二公本非史才所選史官又皆草澤迂生不諳掌故於蒙古語言文字素所未習所以動筆卽謬卽假以時日猶不免穢史之譏況成書之期又不及一歲乎如太祖功臣首推四傑而赤老温之傳獨缺世尙公主者魯昌趙鄆最著而鄆國之傳亦缺塔察兒和禮霍孫至元之良臣旭邁傑倒剌沙泰定之元輔而史皆失其傳禮樂兵刑諸志皆缺順帝一朝之事地理志載順帝事僅二條餘亦缺漏列傳之重複者如昂吉兒已附於也蒲甘卜傳而

又別有昂吉兒傳重喜已附於塔不已兒傳而又別有重喜傳阿朮魯已附於懷都傳而又別有阿朮魯傳譚澄已附其父資榮傳而又別有譚澄傳此又朱氏所未及糾者也其他事跡舛誤如仁宗莊懿皇后卒於仁宗朝未嘗尊爲皇太后吾也而圖岔都從木華黎之弟帶孫非從木華黎張子良來歸元帥察罕非因阿朮段直爲深州長官在太祖朝非世祖朝此皆謬戾之顯然因搜羅元人詩文集小說筆記金石碑版重修元史後恐有違

功令改爲元詩紀事生平著述傳於世者潛研堂文集

五十卷詩集　卷二十二史攷異一百卷潛研堂金石
文跋尾元集六卷亨集七卷利集六卷貞集六卷十駕
齋養新錄二十卷養新餘錄三卷日記抄　卷補元史
氏族表　卷元詩紀事補元史藝文志六卷先生不專
治一經而無經不通不專攻一藝而無藝不精經史之
外如唐宋元明詩文集小說筆記自秦漢及宋元金石
文字
皇朝典章制度滿洲蒙古氏族皆研精究理不習盡功
古人云經目而諷於口過耳而闇於心先生有焉戴編
修震嘗謂人曰當代學者吾以曉徵爲第二人蓋東原

毅然以第一人自居然東原之學以肄經爲宗不讀漢以後書若先生學究天人博綜羣籍自開國以來蔚然一代儒宗也以漢儒擬之在高密之下卽賈逵服虔亦瞠乎後矣況不及賈服者哉先生之弟大昭從子塘坫東垣繹侗子東壁東塾一門羣從皆治古學能文章可謂東南之望矣大昭字晦之一字竹廬淹貫經史著書滿家刊行者惟後漢書補表八卷而已嘉慶元年應孝廉方正科

賜六品頂帶東垣舉人繹侗東壁東塾皆諸生塘字學淵一字禹美爲諸生時與諸瀫淪汪翔青王鶴谿王耿

仲相唱和爲古今體詩爲王光祿西莊王侍郎蘭泉先
生所激賞塘慊然不足不欲以詩名及選拔入成均試
歸肆力於經史之學乾隆四十四年舉江南鄉試明年
汪如洋榜成進士需次當得知縣自以不習吏事就教
職選授江寧府學教授公務多暇專志撰述於聲音文
字律呂推步之學尤有神解著律呂考文六卷又著史
記三書釋疑於律秝天官家言皆究其原本而以他書
疏通證明之律書上九商八羽七角六宮五徵九數語
注家皆不能曉小司馬疑其數錯塘據淮南子太元經
證之始信其確不可易又以淮南天文訓一篇多周官

馮相保章遺法高氏注闕略罕所證明作補注三卷以闡其旨晚年讀春秋左氏經傳精心有得作古義若干卷以補杜氏之闕且糾其謬其所作古文曰述古編四卷皆行於世卒年五十有六坫字獻之少而穎敏有過人之資精於小學游京師朱笥河先生延爲上客乾隆甲午中副榜遂至關中在畢巡撫沅幕中與歙方子雲陽湖洪亮吉孫星衍討論訓故輿地之學後就職州判監修陝西城授乾州州判得末疾歸卒於蘇州著有詩音表一卷車制考一卷論語後錄五卷十經文字通正書十四卷新斠注地理志十六卷獻之工於小篆不在

李陽冰徐鉉之下晚年右體偏枯左手作篆尤精世人藏弆其書如拱璧云嘗注史記詳於音訓及郡縣沿革山川所在兵部侍郎松筠爲陝甘總督時重其學品親至卧榻問疾索未刊著述獻之以史記注付公泣曰岵疾不起矣三十年精力盡於此書惟明公憐之勿使蠟以覆車焉是時侍郎有伊犁將軍之

命曰塞外不能事剞劂當錄一副本原稿必寄子也後江都韋佩金書城爲廣西凌雲縣知縣獲譴謫塞外戍滿南還公知書城與獻之同舉於鄉以原稿囑書城付獻之獻之捧書泣曰我不能復見公矣至公爲兩江總

督時獻之先四年死而書城亦化爲異物公皆賙恤其家嗟乎當今士大夫能謙抑下士故舊不遺如公者有幾人哉

國朝漢學師承記卷三

國朝漢學師承記卷四

甘泉江　藩纂

王蘭泉先生　袁廷檮

先生諱昶字德甫號述庵一字蘭泉又字琴德其先世居浙江之蘭溪高祖懋忠始遷江南松江府青浦縣西珠街角鎮遂爲青浦人考士毅字鴻遠年四十五無子禱於杭州靈隱寺夢人贈以蘭明日市蘭歸逾兩旬蘭茁二枝一出土卽隕其一長尺有六寸森森若巨竹狀及夏紫燕棲於楹同巢異穴至冬陸太夫人孕男不育而錢太夫人生先生咸以爲蘭徵燕兆也先生生而開

敏四五歲時能背誦周伯弜三體唐詩爲人演說楊用修廿一史彈詞娓娓不倦年十八應學使試以第一入學是年得韓柳文集歸震川集張炎山中白雲詞讀而愛之乃肆力於古文詞年二十一丁外艱先生侍疾日久哀勞毀瘠居喪讀禮不作詩文服闋游吳下蔣恭棐楊繩武見先生詩文謂宋文憲以後一人也肆業紫陽書院時從惠徵君定宇游於是潛心經術講求聲音訓故之學是時沈尚書歸愚爲院長選先生及王光祿鳳喈吳舍人企晉錢少詹曉徵贈光祿寺少卿趙升之曹學士來殷上海黃芳亭泌陽令文蓮七人詩稱爲吳中

七子流傳日本大學頭默眞迦見而心折附番船上書於沈尚書又每人各寄相憶詩一首一時傳爲藝林盛事乾隆十八年癸酉鄉試中式十九年甲戌成進士歸班候選秦尚書蕙田延先生修五禮通考明年游山左歸陸太夫人病逝哭泣盡禮兩淮鹽運使盧見曾聘先生課其子及孫與程編修午橋馬同知日琯弟徵君曰璐汪部曹棣張貢生四科爲文酒之會二十二年

高宗純皇帝南巡獻賦行在

欽定一等第一授內閣中書是歲仍留揚州盧運使屬撰紅橋小志以記篠園平山堂亭榭花木之勝明年八

都供職溧陽南沙薌林三公皆以國士待之二十二年
授刑部山東司主事充方略館收掌官三十一年授刑
部浙江司員外三十二年陞刑部江西司郎中是年
詔開經咒館令章嘉胡圖克圖偕其徒重譯首楞嚴經
及諸經秘密咒充兼校經咒館先是
純皇帝以三藏中有俚俗猥瑣者
命劉文正公議加删定公以屬之先生與汪舍人孟鋗
按日稽覽六閱月而畢
上知先生深於內典故有是
命三十三年兩淮運使提行事發先生與趙文哲坐言

語不密罷職時緬甸未靖
詔以伊犁將軍阿桂爲兵部尚書定邊右副將軍總督
雲南貴州將軍文勤公阿克敦子文成也文勤爲先生
殿試讀卷師是以知先生學問經濟請以從
詔許之三十四年文成出萬仞關任騰越頃之得
旨命大學士忠勇公傅恒爲經略緬酋懵駁乞降經略
屬先生草檄諭懵駁允其降三十六年文成罷用理藩
院尚書温福代之奏留先生佐籌善後事會四川小金
川土司澤旺之子僧格桑指沃日兕詛發兵佔其地又
侵據明正土司濃等寨而金川應襲土司索諾木亦併

革什咱殺其土司
上命溫福移師起四川奏請以先生行奉
旨賞給主事隨往四川軍營辦事旋授吏部考功司主
事僧格桑遣人訴沃日詛害狀先生作檄斥其罪
大兵進討克斑斕山破斯當安進攻日耳寨三十七年
參贊大臣五岱與溫福訐訟
詔罷五岱
命文成往北山木雅斯底代統其衆先生從文成督兵
緣山而下築卡斷賊路時南路總督桂林統兵次達烏
久不能克乃以兵三千遣參將薛綜從墨壟溝經郭舟

山出賊後爲夾攻之策既行大雨雪兵無繼者金川賊由格六古來援綜援絕糧盡全軍皆沒

上削桂林職趣文成督南路兵文成奏請以先生從先生因兵至達烏久不攻戰賊必無備乃建策潛師襲之於十一月四日子刻潛師渡溪遂據達烏翁古爾壟之賊亦震駭無守志破其柵克美諾僧格桑遁入金川先是文成奏先生係獨子母年七十餘深明大義勗以殫心軍事今從軍已五年矣請量加拔擢至是得

旨以吏部員外郎陞用

大兵進討金川議分三路温福與參贊哈國興由空喀

文成與參贊明亮由當噶兵部尚書果毅公豐昇額與
參贊舒常往綽斯甲由日傍俄坡未幾哈國興病沒奉
旨以海蘭察代之三十八年從師由美諾進發次當噶
山攻克西山峯又克兩大碉而將軍溫福自空喀移兵
木果木攻戰失利賊煽小金川人盡反其地先侵登達
占固提督董天弼赴水死遂分寇登春八卦碉海蘭察
奪險出兵潰溫福死焉六月十日也金川既得美諾率
衆犯當噶參將劉輝祖率一百四十餘人拒戰自亥至
寅殺賊二百人而領隊大臣奎林於色木則隘口拒賊
日十餘接賊死者甚衆畏當噶兵乞降文成知當噶不

可守姑從其請徹師至翁古壟奏沃日乃進討大路請
往視師乃西行是時晨夕得警報而
詔旨詢問無虛日先生馳馬日行四五百里夜草奏治
文書恒徹夜不寐十一月八日
大兵至大板昭僧格桑復竄入金川八日而小金川悉
平三十九年分兵三路合攻先生從師自美諾啓行抵
谷噶四月刑部侍郎袁守侗按事入川
詔令赴軍營視狀知軍牘皆先生一人經畫回京具奏
上嘉之有
旨垂問文成覆奏得

旨擢吏部郎中四十年五月克遜克爾宗奉
旨補吏部文選司郎中八月克勒烏圍賊巢十二月克
則朗噶克下壓雍中喇嘛寺取之金川賊索諾木之母
阿倉及姑阿青時在河西路斷不能歸來降於是移大
營於噶喇依（即刮耳崖）四十一年三路兵合攻索諾木兄莎
羅奔岡達克索諾木明楚克等相繼投出二月合攻益
急索諾木率其兄爽爾瓦沃雜爾弟斯丹巴妻巴底土
妹得什安木楚及大頭人丹巴訛雜爾等二千餘人齎
印出降僧格桑已病死并以首獻兩金川蕩平先生從
征九年雖羽書旁午然磨盾之暇馬上吟咏穹廬誦讀

無一日廢也凱旋至良鄉
駕幸黃新莊郊勞用戎服行禮四月二十九日
上遣皇子獻俘
太廟五月朔
御午門受俘訊於瀛臺以逆酋兄弟罪在不赦磔死縣
首藁街是日
幸紫光閣
賜宴作四裔之樂宴畢
賜白金緞匹朝珠荷包奉
旨吏部郎中王昶久在軍營著有勞績着陞授鴻臚寺

卿賞戴花翎在軍機處行走
命纂金川方畧充總修官尋擢通政使司副使四十二
年三月擢大理寺卿四十三年
上因大淸一統志成於雍正四年至乾隆二十三年平
定準噶爾回部拓地二萬餘里及府州縣增置改析者
多
命重修充總修官四十四年補授都察院左副都御史
又有
旨授河南布政使戶部尚書梁公國治言先生在軍機
久多聞舊事請留內用

上允其奏四十五年隨
駕南巡
鑾輿次嘉興有
旨授江西按察使旋丁內艱回籍治喪能盡古喪禮奉
諱家居時建宗祠置家塾以教族人子弟服闋補授直
隸按察使未抵任改授西安按察使四十九年甘肅固
原屬鹽茶廳回人田五阿渾倡復新教糾衆攻破西安
州阿渾者回語通經教主之稱也總督李侍堯提督剛
塔具奏奉
旨以西安州距陝西長武六站恐回匪竄入

命往禦乃至長武長武有都司一員兵一百三十名提督調去存三十名又益以宜君兵五十名合參將孫受兵四十二名共一百二十名而長武之通甘肅者有七路各以兵役數人守之未幾田五自戕死餘黨張文慶等走會寧提督又調孫受兵去長武勢益弱賊又走安定之宫川其地乃前回匪馬明心所居回匪盤聚於此賊勢甚張乃借兵於總兵三德得兵三百令通判黃秉哲率領以來椎牛享之分撥城内外聲勢稍壯民心乃安時副都統明善參將孫受以滿漢兵一千七百人駐高廟山擊賊失利二人沒於陣賊勢大熾距長武不及

三百里先生乃試炮巡城爲防禦計數堞分人籍城外民强壯者識其名如有急入城協守凡刀矛炮石燈燭油米悉具無缺民恃以不恐邪乾永壽皆鑿塹塡門而長武樵採往來自若也賊知有備不敢犯與石峯回匪合兵據險以守

上命大學士阿桂戶部尚書福康安領侍衛內大臣都統海蘭察領京兵從山西來工部尚書復興領兵從河南來將軍莽古賚統寧夏兵一千阿拉善王旺親班巴爾統蒙古兵一千五百皆會隆德賊首馬文熹率衆降而總兵三德調赴甘肅敷倫泰代之會敷倫泰亦調往

甘肅以太原總兵富敏泰統兵先生恐其未習地利遂出長武從隴州至長寧見富敏泰告以要隘形勢及攻戰之策復歸長武諸軍攻剿斷賊水道賊勢蹙欲突圍出海蘭察率兵邀截殪無算於是阿渾張文慶李可魁馬四娃等皆就擒餘黨悉平是役也用兵陝西綠營駐防五千名之外調山西兵二千京兵二千絡繹過長武需車輛馬騾約以萬計而銀錢火藥鎗炮軍裝駝載者又以萬計先生不攜胥吏不藉賓僚草檄飛書無一舛誤奏上有

旨嘉許五十一年河南伊陽縣民秦某等三十餘人狀

知縣孫岳灝逸去巡撫畢沅搜捕不獲因奏言伊陽接
壤湖陜恐由熊耳諸山遁入商洛得
旨派往督緝乃赴商州檄州同李景蓮邏緝奉
旨授雲南布政使仍令督捕事竣入都
陛見未幾景蓮等獲秦某解京師卽
命入京
陛見時奏肝氣不調精神疲憊請改京職
溫旨不許乃之任五十三年調江西布政使五十四年
奉
旨授刑部侍郎五十五年隨

駕東巡回鑾至青縣
上命與兵部尚書慶桂往江南同鞫高郵州典史陳倚
道揭州書吏假印重徵事定讞回京又
命同兵部侍郎吉慶馳驛鞫湖南湘鄉縣民童高門控
書吏收漕折色案事竣又
命審湖北應城縣科派斂錢事發摺起行又得
旨鞫江陵縣趙學三控書吏何艮衙修方家淵堤工偷
減土方案訊畢又
命訊湖南永明縣賄買武童及長沙勒買常平倉穀二
案分別定擬奏聞奉

旨允行是年

純皇帝八旬萬壽

恩詔晉封三代皆光祿大夫妣皆一品夫人先生暨鄒

夫人亦封一品勘方家淵堤工時按冊丈量無偷減情

跡其殘損處應賠補者屬知府張方理任之回至荆州

方家淵堤工尚未修補乃具奏方理草率揑飾落其職

五十七年隨

駕幸五臺八月充順天鄉試主考官有貴介子擯斥忤

當軸旨遂乞假南歸有終焉之志矣一日

上召見大臣詢王昶何以不來輦下諸公飛札告知乃

克日就道時届隆冬跋涉二千里精神疲苶動履盤跚
召見時
上鑒其老病以原品休致傳
諭歲暮苦寒宜俟春融回籍先生以文學受
純皇帝特達之知所以開續三通館方略館通鑑輯覽
皆預纂修之役己卯庚辰壬午充順天鄉試同考官辛
巳癸未充會試同考官及壬子主試順天所得皆知名
士在京師時與朱笥河先生互主騷壇門人著錄者數
百人有南王北朱之稱歸田後往來吳門賓從益盛與
王西沚錢竹汀兩先生艤舟白公堤下朋簪雜遝詩酒

飛騰望之者若神仙然六十年乙卯先生年七十二
純皇帝以明年歸政舉行千叟宴
詔中外臣工逾七十者皆入宴遂詣
闕
召見時詢問舊事及江浙年歲豐稔狀奏對稱
旨嘉慶元年正月初四日行千叟宴禮於
寧壽宮宴畢
賜玉如意楠木鳩杖綢緞裝錦大毡筆墨等十六件獻
詩六章奉
旨刻入燕集中二十一日

陛辭出都主婁東書院講席嘉慶四年正月
太上皇帝升遐入都哭臨三月初一日
召見詢問歷官始末及外省吏治民情與川楚寇盜未
平之故奏對畢又
諭凡有欲言可繕寫密封以進明日詣
觀德殿前敬謁
梓宮遂陳數事
上命留覽四月十三日百日期滿具奏回籍先生以辛
酉年補博士弟子至嘉慶六年辛酉六十年矣江蘇學
政錢樾松江府知府趙宜喜請重遊泮宮率新弟子祇

謁文廟行釋奠禮宴於曲水園時阮侍郎元爲浙江巡撫請主敷文書院主講席者三年卒於家年八十有三先生天資過人於學無所不窺尤邃於易詩宗杜少陵玉溪生而參以韓柳古文則以韓柳之筆發服鄭之蘊功業文章炳著當代求之古人中亦豈易得者哉生平著述甚富春融堂詩文集六十八卷金石粹編一百六十卷明詞綜十二卷
國朝詞綜四十八卷湖海詩傳四十六卷續修西湖志青浦縣志太倉州志陝西舊案成編雲南銅政全書皆刊行於世其未刊行者則滇行日錄三卷征緬紀聞三

卷蜀徼紀聞四卷屬車雜志二卷豫章行程記一卷商洛行程記一卷重游滇詔紀程一卷雪鴻再錄二卷使楚叢談一卷臺懷隨筆一卷青浦詩傳三十六卷天下書院志十卷其未成書者則羣經揭櫫五代史注揭櫫取周禮職金注今時之書有所表識謂之揭櫫之意蓋以漢學爲表識而專攻毀漢學者皆藏於家藩從先生游垂三十年論學談藝多蒙鑒許後先生因袁大令枚以詩鳴江浙間從游者若鶩若蟻乃痛詆簡齋隱然樹敵比之輕清魔提唱風雅以三唐爲宗而江浙李赤者流以至吏胥之子負販之人能用韻不失粘者皆在門

下嘉慶四年藩從京師南還至武林謁先生於萬松書院從容言曰明時湛甘泉富商大賈多從之講學識者非之今先生以五七言詩爭立門戶而門下士皆不通經史猶知文義者一經盼飾自命通儒何補於人心學術哉且昔年先生謂笥河師太邱道廣藩謂今日殆有甚焉默然不答是時依草附木之輩聞予言大怒造謗語構怨幾削著錄之籍然而藩終不忍背師立異也先生弟子中以經術稱者三人開化戴君敦元字金溪乾隆癸卯舉人庚戌中式進士癸丑殿試授庶吉士今官刑部郎中會稽王君紹蘭字畹馨癸丑進士官至福建

按察使二君博通經傳爲當代聞人袁上舍廷檮字又愷一字壽階吳縣人也明六俊之後爲吳下望族饒於貲築小園於楓江有水石之勝又得先世所藏五硯爲樓弆之蓄書萬卷皆宋槧元刻秘笈精抄以及法書名畫金石碑板貯於五硯樓中又得洞庭山徐尚書健庵留植於金氏聽濤閣下之紅蕙種之階前名其室曰紅蕙山房遇春秋佳日招雲間汪布衣墨莊胡上舍元謹同邑鈕布衣非石顧秀才千里戈上舍小蓮爲文酒之會時錢竹汀先生主紫陽講席王西沚先生段大令懋堂三寓公亦時相過從袁大令枚王蘭泉先生往來吳

下皆主其家於是四方名流莫不拏舟過訪詩酒流連應接不暇壽階性好讀書不治生産且喜揮霍急人之難坐是中落乃奔走江浙間歲無虛日矣後江觀察頡雲延之康山賓館頡雲爲俗僧小石搆精舍於浙之西溪屬壽階董其事冒暑熱徒步山中得痢下疾死於家年四十有七藩與壽階少同里閈後攜家邗上壽階館於康山蹤跡最密談論經史有水乳之合壽階無書不窺精於讎校邃深小學其論大誥敘將黜殷命云今尚書諸本皆無命字詩豳譜正義引此則有命字案微子之命敘及周官敘皆云既黜殷命則此必曰將黜殷命

二敘相應且此敘正義云黜退殷君武庚之命又云獨言黜殷命者又云且顧微子之命敘故特言黜殷命也據此則正義本實有命字近見錢少詹唐石經攷異云將黜殷下本有命字後摩改因取舊藏石經檢視作字之旁猶留命字右偏之波磔誥字既移第二行之末矣而第三行之首猶有摩未盡之誥字具存此摩改之明證也其論說文解字蘜以秋華曰以秋華者謂此爲月令有黃華之蘜字以別於蘜之爲治牆菊之爲大菊蘧麥也嗙司馬相如說淮南宋蔡舞嗙喻也曰淮南宋蔡舞嗙喻七言句也蓋凡將篇之一句李善引凡將曰黃

潤纖美宜製禪歐陽詢引凡將曰鐘磬竽笙筑坎侯皆七言也麐麇牝者曰宋本作牡與爾雅合上文曰麎牝麋則麐不當云牝矣液盡也曰盡當作衋血部衋气液也小徐本玉篇廣韻竝作津者假借通用字今毛本作盡誤也不古文亥爲豕與豕同曰汲古閣初印本篆文如此各本皆同說解當云古文亥亥爲豕小徐本如此故字與豕同轉寫譌脫耳字與豕同者古文豕亦作不見九篇豕部此已亥與三豕之所由誤也所謂誤者己與三字之誤耳亥豕古文本同字讀書者當依文義讀之今本剟改篆體作不則叔重云與豕同者何解乎著書甚

多皆未編輯其子椎魯不能讀父書所有稿本散失無存矣今記藩之所聞者略書數語以見梗槩云非石名樹玉吳縣人家洞庭山隱於賈無書不讀亦深小學著有說文解字校錄三十卷說文新附考七卷詩文清峭拔俗亦當代之畸士焉

朱笥河先生

先生諱筠字竹君一字美叔號笥河其先家浙之蕭山曾祖必名始居京師遂爲大興人祖登俊湖南長陽四川珙縣知縣後官中書科中書父文炳大興諸生官陝西盩厔縣知縣先生年十三通七經十五作詩文才氣

浩瀚老宿見之咋舌與弟文正公珪讀書同臥起手鈔
默誦雞鳴不已弟兄同入泮宫學使呂熾試以鵬翼摶
風歌奇其才爲之延譽京兆尹武進蔣炳邀劉文定公
綸程文恭公景伊錢文敏公維城莊侍郎存與及其弟
學士培因設筵招先生及文正公飲試以崑田雙玉歌
詩成諸公歎賞不絕於是京師有競爽之目年二十五
乾隆癸酉中式舉人明年成進士選庶吉士丁丑散館
授編修充方略館纂修官辛巳充會試同考官旋丁外
艱哀毁骨立先生本無宦情服闋後欲徧游天下名山
已乞假矣

上召見文正詢家事曰編修無定額汝兄當補官不似
汝需缺也文正告之翰林院取假呈歸曰兄實無疾恐
上再詰問不敢欺罔强爲弟起先生不答旣而輾然曰
汝敗我清輿矣是年授贊善明年大考翰詹
御試二等擢翰林院侍讀學士充
日講起居注官戊子科順天鄉試同考官三十四年
欽派協辦內閣學士批本事充己丑會試同考官庚寅
奉
命爲福建鄉試正考官充辛卯會試同考官是秋奉
命視學安徽以古學教士子重刻許氏說文解字而爲

之敍敘曰漢汝南召陵許君慎范蔚宗儒林傳不詳惟
曰五經無雙許叔重爲郡功曹舉孝廉再遷除洨長卒
於家作說文解字十四篇本書召陵萬歲里公乘許沖
上書言先帝詔侍中騎都尉賈逵修理舊文臣父故大
尉南閤祭酒愼本從逵受古學博問通人考之於逵作
說文解字凡十五卷愼前以詔書校書東觀教小黃門
孟生李喜等以文字未定未奏上今病遣臣齎詣闕建
光元年九月己亥朔二十日戊午上徐鍇曰建光元年
安帝之十五年歲在辛酉也按賈逵傳肅宗建初元年
詔逵入講北宮白虎觀南宮雲臺八年詔諸儒各選高

才生受左傳穀梁春秋古文尚書毛詩皆拜逵所選弟子及門生爲千乘王國郎朝夕受業黃門署據此知許君校書東觀教小黃門等當在章帝之建初八年歲在癸未也本書許君自敘言粵在永元困敦之年孟陬之月朔日甲申次列微辭徐鍇曰和帝永元十二年歲在庚子也桉逵傳逵以永元八年自左中郎將復爲侍中騎都尉內備帷幄兼領秘書近署據此知許君本從逵受學其考之於逵作此書正當逵爲侍中之後四年其後二十一年當安帝之建光元年歲在辛酉君病在家書成乃令子沖上之也其始末略可考見如此夫許君

之爲書也一曰世人詭更正文鄉壁虛造不可知之書一曰諸生競說字解經誼稱秦之隸書爲倉頡時書一曰廷尉說律至以字斷法皆不合孔氏古文謬於史籀恐巧說衺辭使學者疑於是依據宣王大史籀大篆十五篇丞相李斯倉頡篇中車府令趙高爰歷篇大史令胡母敬博學篇黃門侍郎揚雄訓纂篇諸書又襍采孔子楚莊王左氏韓非淮南子司馬相如董仲舒京房衛宏數十家之說然後成之又曰必遵舊文而不穿鑿又曰非其不知而不問蓋其發揮六書之指使百世之下猶可以窺見三古制作之意者固若日月之麗天江河

之由地其或文與言微不盡可解亦必明者之有所述師者之有所授後學小生區聞陬見不得而妄議已易曰書不盡言言不盡意陳其大要約有四端一曰部分之屬而不可亂敘曰其建首也立一爲端據形聯系引而申之以究萬原畢終於亥是以徐鍇作繫傳有部敘二卷本易敘卦傳爲之推原偏旁所以相次之故使五百四十部一字不紊今起東既疑韻書而比類又從字體便於檢討實昧聲形自李燾之五音韻譜作而部分紛然自亂其例矣一曰字體之精而不可易夫篆本異文而今同一首者奉奏春泰秦是也篆本同文而今異

所从者⿺辵从從𨑢徒是也賊之从戈則聲而改从戎賴之从貝刺聲而改从負半譌也䑞之爲舜壺之爲壺因之爲曲爵之爲爵全譌也以气化之气當乞而氣牽之氣遂當气於是有俗餼字以萎飼之萎當餧而饑餧之餧當萎於是有俗餧字此因一字以譌數字者也匃已从勹而又从肉州已从川而又从水既重其類埜从土而又土蜀从虫而加虫又重其从此并二字以譌一字者也从者失从滋者不滋自隸一變之楷再變之而字體莫之辨識矣一曰音聲之原可以知農之从晨囟聲玉篇囱窗同考工記匠人四旁兩夾窗窗一音息徐鍇以

爲當从凶乃得聲非也移之从禾多聲古音弋多反楚辭夫聖人者不凝滯於物而能與世推移舉世皆濁何不淈其泥而揚其波徐鍇以爲多與移聲不相近非也能之足似鹿从肉乙聲古音奴來奴代反詩其湛曰樂各奏爾能賓載手仇室人入又酌彼康爵以奏爾時徐鉉等以爲乙非聲疑象形非也摘之从手啻聲陟革反去聲則陟寘反啻與商同文摘與適同聲詩勿予禍適稼穡匪解徐鉉等以爲當从適省乃得聲非也此音聲之可據者也一曰訓詁之遺可以補易其牛觢觢一角仰也爾雅皆踊觢郭注今豎角牛也書西伯既戡黎戡

从戈今聲殺也不當作戡戡刺也詩深則砅砅从水从
石履石渡水也在彼淇厲蒙梁而言亦此訓也得此䵹
鼀䵹亦爲鼃鼃黽詹諸縞衣綥巾綥从糸畀聲未嫁女
所服處子也周禮垗五帝於四郊垗畔也爲四時界祭
其中也春秋傳脩涂梁溠溠荆州浸也職方氏豫州其
浸波溠鄭注春秋傳曰楚子除道梁溠則溠宜屬荆州
在此非也闕碞之甲碞水邊石也論語小人窮斯㜮矣
㜮从女監聲過差也孟子呭呭猶沓沓呭呭多言也沓
沓語多沓沓也所謂言則非先王之道也爾雅西至汃
國謂四極汃從水八聲西極之水也廣韻汃府巾切西

方極遠之國又普八切西極水名也不當作邠邠周大王國也此訓詁之可據者也部以屬之體以別之音以審之訓以絜之文字之事加諸蔑矣後之非毀許君者或摘其一文或泥其一說歷代以來不量與撼要無足論惟近日顧氏炎武脩紹絕業學者所宗而於是書亦有不盡然之言竊恐瞽說附聲信近疑遠是不可以不辨今如所舉秦从禾以地宜禾宋从木爲居辪从辛爲辠戚爲姑也爲女陰毆爲擊聲困爲故廬普爲日無色貉之言惡犬之字如畫狗有曰不宜有襄爲解衣耕弔爲人持弓會敺禽辱爲失耕時臾爲束縛捽抴罰爲持

刀罵詈勞爲火燒門宰爲皋人在屋下執事冥爲十六
日月始虧刑爲刀守井凡此諸說皆始造文字取用有
故必非許君之所創作書契代遠難以强說復不當删
是以觀象闕文之訓明著於敘豈得以勦說穿鑿横暴
先儒乎至若江別汜涯歸殊孯已逑救各引載旆爲坂
當時孔壁古文未亡齊魯韓三家之詩具在衆音禖陳
殊形備視豈容廢百舉一去都郎鄙耶又言別指一字
以鎦當劉以畱當由以絻當免此說亦非按本書之例
从某者有其部也某聲者有其字也瀏之从水劉聲紬
之从絲由聲勉之从力免聲具著於篇乃知書闕有間

傳寫者之過謂別指一字以當之者謬矣記曰令人與居古人與稽居不當爲法古乎易曰是與神物以前民用用不當爲卜中乎費誓之費改爲粊訓爲惡米按陸德明經典釋文曾子問注作粊誓粊音祕鄭君說也童爲男有辠按易喪其童僕作童至僮之字國語使童子備官而未之聞韋昭注僮僮蒙不達也史記樂書使僮男僮女七十人俱歌本書敘尉律學僮十七已上亦同當知僮子之僮从人辠人爲奴者正作童也訓參爲商星乃渾大書讀參商星也卽如水部河水出焞煌塞外泑澤在昆侖下之例明參與商同爲星非參商亦不知

也其引齊之郭氏及樂浪事古人往往隨事博徵不拘拘一說也至援莽傳及讖記以劉之字爲卯金刀謂許君脫其文按劉之字从刀从金丣聲丣古酉丣非卯也讖記不可以正六書後漢書光武紀論王莽以錢文有金刀改爲貨泉或以貨泉字爲白水眞人於篆貨或近眞人泉豈得爲白水耶五行志獻帝初童謠曰千里草何青青十日卜不得生以千里草爲董十日卜爲卓按重字从王東聲非千里草早字爲日在甲上非十日卜又可據以爲證乎又援魏太和初公卿奏於文文武爲斌古未嘗無斌字按彬从彡从林爲文質備文武之字

經典闕如不知所从無以下筆徐鉉列之俗書是也又可據魏以疑漢乎凡顧氏所説皆不足以爲許君病輒附疏之用詔學者時

上詔求遺書先生上言伏見

皇上稽古右文勤求墳典請訪天下遺書以廣藝文之闕而前明永樂大典中古書有僅存宜選擇寫入於著錄又請立校書之官參考得失併令各州縣所有鐘鼎碑碣悉拓進呈俾資甄錄奏入

上嘉之下軍機大臣議行乃

命纂輯四庫全書於永樂大典中採輯逸書五百餘部

次第刊布流傳海內實先生啓之也又奏請倣漢熹平
唐開成故事擇儒臣校正十三經文字勒石太學奉
旨候朕緩緩酌辦其秋以某生欠考事部議甚嚴得
旨朱筠學問尚優加恩授編修在四庫全書處行走又
命總辦日下舊聞纂修事是時金壇掌院爲總裁又直
軍機凡館書稿本披覈辨析苦往復之煩欲先生就見
而先生執翰林故事總裁纂修相見於館無往見禮先
生友某公强先生見之先生持論侃直不稍下金壇憾
之間爲
上言朱筠纂修不勤

上曰命蔣賜棨趣之而不之罪焉己亥八月
特旨命先生督學福建至閩以經學六書訓士口講指畫無倦容有某生爲攝令某坐以殺人鍛鍊成獄發其奸雪某生冤閩中士人至今稱道之任滿回京卒於家年五十有二先生博聞宏覽於學無所不通說經宗漢儒不取宋元諸家之說十七史涑水通鑑諸書皆考其是非証其同異汎濫諸子百家而不爲異說所惑古文以班馬爲法而參以韓蘇詩歌出入唐宋不名一家先生之學可謂地負海涵淵渟嶽峙矣先生性愛山水探黃山武夷之勝峭壁巉巖不通樵徑攀藤負葛必登其

巔題名鐫石而下性又喜飲至連舉數十觥不亂拇戰分曹雜以諧笑每酒酣耳熱時議論天下事自比李元禮范孟博激揚清濁分别邪正慷慨激昂聞者悚然屢主文柄掄羅英俊如大理寺卿陸錫熊吏部主事程晉芳禮部郎中任大椿皆所取士也戴編修震汪明經中皆亢傲不羣好雌黃人物在先生幕中獨於先生無間言陽湖孫觀察星衍爲諸生時以不見先生爲恨屬同邑洪君稚存爲紹願遥執弟子禮天下士仰慕丰采望風景附有如此先生提唱風雅振拔單寒雖後生小子一善行及詩文之可喜者爲人稱道不絕口飢者食之

寒者衣之有廣厦千間之槩是以天下才人學士從之者如歸市所居之室名曰椒花吟舫亂草不除雜花滿徑聚書數萬卷碑版文字千卷終年吟嘯其中足不詣權貴門惟與好友及門弟子考古講學釃酒盡醉而已藩年十六即受知於先生每酒闌燈灺時嘗謂藩曰吾儕當以樂死功名利鈍何足介意哉先生之襟期磊落蕭然遠矣子二長錫卣府學生次錫庚字少白乾隆戊申科舉人候選直隸州緣事罷官讀書好古精於左氏春秋能世其學弟子以通經著者興化任大椿龍溪李威陽湖洪亮吉孫星衍偃師武億全椒吳鼒李威字畏

吾深於六書之學著有說文解字定本十五卷戊戌進士今官廣東廉州府知府孫星衍字伯淵讀書破萬卷訓詁輿地及陰陽五行之學靡不貫串乾隆丙午舉人丁未以第二人及第今官山東糧道吳鼒字山尊淹通經史凡學術之異同論說之是非一見即能分黑白辨昭聾也乾隆壬子舉人嘉慶己未進士今官翰林院侍讀學士任君大椿別見

武億

武億字虛谷先世由懷慶軍籍遷偃師父紹周雍正癸卯進士官至吏部郎中少喜讀書年十七喪父十九母

孟生母郭皆逝時伊洛溢廬舍毁圯架蓆處洿泥中誦讀不輟斯朽木焚火以禦寒斧傷指及足流血殷地終不廢讀也年二十二入學乾隆庚寅舉鄉試庚子會試中式

賜同進士出身以知縣用辛亥選山東博山縣訟無留牘禱雨即降有人賄以二千金者曰汝不聞雷聲乎我懼雷擊我也暇日召耆老問土俗利病革除民供煤炭及餽里馬草豆諸秕政博山民煮糯米汁爲土玻璃作釵珥缾盎燈毬鬻於市乃婦孺嬉戲之物不足以供玩好之式乾隆中葉有好事者爲山東巡撫取以入

土貢遂爲例每歲按額徵之民苦其擾乃爲民請於大
吏力白其害遂不入
貢栩范泉書院立程課教諸生親往講學勵以讀書立
品爲善士君承筍河先生之學痛詆二氏乃檄合邑僧
尼至署諭以佛爲異端害人心壞風俗演博奕韓愈之
言反覆譬喻僧尼雖不解其說然感其誠皆蓄髮還俗
於是入其境者苐聞絃歌之聲不聞梵唄之音矣乾隆
壬子大學士和珅兼步軍統領聞妄人言山東反賊王
倫未死密遣番役四出蹤跡之於是副頭目杜成德曹
君錫等十一人橫行州縣至博山宿逆旅飲博手持鐵

尺指揮如意莫敢誰何君率役往收之成德等持器械拒捕役不敢前君手撲之仆縛以歸成德倘倔强不服出牌擲於堂上瞋目大呼曰吾等奉提督府牌緝要犯汝何官敢問我邪立而不跪命役撾其脛始伏地乃杖之曰牌役二名此十一人爲誰且牌文明言所至報有司協緝汝來三日不謁見是不奉法吾逼揭汝等騷擾狀奈我何成德等始懼咸叩首求去其事喧傳省中小人皆謂武鹵莽禍叵測將累上官時山東巡撫吉慶畏勢闒茸聞此言卽委員絡繹於道訪問虛實有府佐劉大經者與君不相能駕說於大府前吉慶以濫責無罪

直書其事劾之和珅笑曰是暴吾役之不謹而陰爲武令地也封還其疏吉慶望風承旨易以任性行杖空言入奏報罷縣民聞令去扶老攜幼數千人走省中見大府叩首乞留我好官吉慶曰歸無譁還汝好知縣吉慶知不容於輿論而怛於權勢會將入覲乃挈君至都下爲謀捐復和珅總吏部事駁之其事遂寢乃請主東昌啓文書院講席以塞衆口也後故人秀水王復爲偃師令遂歸與復商榷政事暇時考校古書相得甚歡不復作出山之計嘉慶四年

天子親政和珅伏辜

詔各舉所知廢員可起用者有以博山事聞
敕吏部將原任山東博山縣知縣武億行文豫省巡撫
咨部引見並將革職原案查奏十一月二十九日事也
而君先一月死矣得年五十有五君生而狀貌魁梧有
兼人之力兼人之量生平深於經史七經注疏三史涑
水通鑑皆能闇誦所著書有經讀考異義證偃師金石
記校定五經異義駁異義補遺箴膏肓起廢疾發墨守
鄭志等書與童君二樹名鈺者同修偃師縣志童君好
收藏碑版君考訂秦漢以來金石文字童君服其精審
於是酷嗜翠墨游歷所至如嵩山泰岱遇有石刻捫苔

剔蘚盡心摸拓或不能施氈椎者必手錄一本偃師杏園莊去所居四十餘里民家掘井得晉劉韜墓誌長二尺有餘重幾百斤君肩之以歸性善哭館筍河師家除夕師謂君曰客中度歲何以破岑寂君曰但求醉飽而已乃遺以二瓻肩一雞一鶩蒙古酒一斗及湯餅餺飥諸物君閉戶恣啖食盡酒傾至晚師曰醉飽矣更有他求乎對曰哭師亦曰哭乃放聲大慟比鄰驚問筍河師大笑而去庚子年陽湖洪亮吉稚存黃景仁仲則流寓日下貧不能歸偕飲於天橋酒樓遇君招之入席盡數盞後忽左右顧盼哭聲大作樓中飲酒者駭而散去藩

嘗叩之曰何爲如此曰予幸叨一第而稚存仲則寥落不偶一動念不覺涕泣隨之矣藩戲之曰君乃今日之唐衢也藩與君交垂二十年核君行事不愧循吏古人云以經術飾吏事不通經術而能爲循吏者蓋有之矣我未之見也

洪亮吉 張惠言 臧琳

洪亮吉字君直一字稚存先世居歙縣祖公寀贅於武進趙氏至君籍陽湖生六歲而孤依外家讀書穎悟異常兒晚自塾歸母氏篝燈課讀機聲軋軋與書聲相間不斷年十八祖妣趙及祖相繼下世君承重水漿不入

口杖而後起二十四歲入學爲附生與同邑黃秀才景仁爲詩歌相唱和有時譽人目爲洪黃後謁安徽學使笥河先生受業爲弟子先生延之校文時幕下士多通儒戴編修震邵學士晉涵王觀察念孫汪明經中皆通古義乃立志窮經家居與孫君星衍相觀摩學益進時人又目爲孫洪乾隆三十九年甲午科中本省鄉試副榜四十一年母猝病卒時在浙江學使王文端公杰幕中得病耗馳歸里門有以死告者大慟失足落水遇汲者救甦既以不得視含斂爲終天之恨遂絕粒或喻以毀不滅性始啜粥居苫枕凷不入內不飲酒食肉里中

稱爲孝子四十五年庚子科中式順天舉人五十五年
庚戌石韞玉榜以第二人及第授編修充
國史館纂修官明年又充石經收掌詳覆官藩是時館
總裁王文端公第君手定條例屬藩呈之公是其說彭
文勤主其事以爲不然文端不能與之爭也後文勤自
作凡例文端命藩勘定駁其紕繆者數十條文勤大怒
謂藩與君互相標榜嗟乎直道之不行也久矣五十七
年壬子科充順天鄉試同考官卽拜貴州學政之
命黔省僻遠無書籍爲購經史通典文選諸書置各府
書院黔人爭知好古君之敎也奏陳灝禮記注乃臆說

空言絕無師法宜易鄭元注以試士格於部議不行嘉
慶元年充
咸安宮總裁在
上書房行走三年正月大考翰詹時教匪充斥題爲征
邪教疏君指陳時事直書無隱又在師友前論時事扼
腕歎息皆以爲狂君知不容於時適弟藹吉卒於家以
古人有期功去官者乃引疾歸
今上親政修
高宗純皇帝實錄朱文正公珪薦君復赴都與修
實錄教習庶吉士與同館議論不合將乞假歸矣念

今上大開言路而陳奏者皆無經國之計身居翰林又無奏事之責因陳時政數千言謂故福郡王所過繁費州縣供億致虛藏帑故相和珅擅權時達官清選或執贄門下或屈膝求擢羅列中外官罔上負國者四十餘人作書上成親王及朱文正劉相國權之進呈

御覽有

旨革職審擬對簿時詞色不撓王大臣等擬以大不敬律置重辟有

旨減死發伊犂武進趙君懷玉入詔獄慰之君曰昨日念念在西市今日念念在玉門關矣次日趙君送至廣

寧門外握手黯然而君神氣自若將抵戍所某將軍妄
測
聖意奏請俟君至斃以法先發後聞有
旨申飭不行五年四月京師亢旱
上因久不雨減釋軍流不雨朱文正奏稱安南黎氏二
臣忠於其主而久繫獄中請釋之又不雨
上乃念君以直言獲罪立
予釋回是日甘霖大沛
御製得雨詩紀其事又
製導言納諫論言亮吉原書無違礙之句有愛君之誠

實足啓沃朕心并將其書裝潢成卷常置座右以作良規以勸言事者毋因亮吉獲咎鉗口不敢復言君以六年歸里雖蒙編管而江左名流過君講學問字者無虛日十二年常州旱有司勘不成災飢民剝樹皮以食君請當事率紳士捐資賑濟所活飢民數十萬邑人至今稱頌不衰十四年五月十二日以疾終得年六十有四君罔識忌諱自罹於咎而得以終老家園者皆出自

皇上生成之德也君性伉直疾惡如仇自謂不能容物生平好學嘗舉荀子語爲人戒有暇日所以窮日者書老而不倦深嫉浮屠氏之說詩文中未嘗用彼教語撰

著行於世者左傳詁二十卷公羊穀梁古義二卷漢魏音四卷比雅十二卷六書轉注錄八卷弟子職箋釋一卷補三國晉書地理志十六國疆域記乾隆府廳州縣志詩文集若干卷君在畢尚書沅幕中最久預修宋元資治通鑑修陝西河南各州縣志是以深於史學而尤精地理沿革所在嘉慶四年藩遇君於宣城論說文解字五龍六甲之說及昆吾流字不合君出示所作古文藩又指摘其用事譌舛君斷斷强辯藩曰君如梁武之護前矣君愠見於色因藩談次偶及輿縣君云在江都藩據文選注赤岸山之證當在六合藩又謂太平寰宇記

鄧艾石鼈城白水陂事不見於史而已並未言無此事也君忽寓書於藩謂輿縣實在江都而鄧艾事樂史本之元和郡縣志豈可疑爲無此事者灑灑千言反覆辨論藩不答一字恐激君之怒耳豈知益增其怒遂不復相見矣今作君傳潸然淚下自悔鹵莽致傷友道能不悲哉與君同時爲漢學者孫君淵如之外有三人焉一爲莊君炘字虛庵乾隆戊子副榜較刊淮南子一切經音義深於聲音訓詁之學今官陝西　州知州一爲武進趙君懷玉字億孫一字味辛庚子召試舉人授內閣中書出爲山東青州府同知好學深

思無書不讀肄經深於詩故兼工文章一爲武進張惠言字皋文乾隆丙午中式舉人嘉慶己未成進士改庶吉士充

實錄館纂修官

武英殿協修官辛酉散館授編修卒於官著有周易虞氏義九卷虞氏消息二卷虞氏易言二卷儀禮圖六卷其甥董士錫字晉卿傳其學康熙時又有臧琳者武進諸生博綜經史百氏之書教人先以爾雅許氏說文解字曰不識字何以讀書不通訓詁何以明經鍵戶著述世無知者著有經義雜記三十卷太原閻百詩爲之敘

元孫鏞刊行之鏞字在東廬紹弓學士之弟子自云段
大令懋堂致書學士曰高足臧君學識遠超孫洪由是
學士益敬異之然乎否乎又有劉君逢祿字申甫嘉慶
辛酉選拔貢生丁卯舉人淹通經傳著春秋公羊釋例
申甫後成甲戌進士由庶吉士改禮部主事

國朝漢學師承記卷四

國朝漢學師承記　下

附國朝經師經義

國朝漢學師承記卷五

甘泉江　藩纂

江永

江永字慎修婺源人少就外傅爲世俗學一日見明邱濬大學衍義補引周禮求之有書家得寫本周禮白文朝夕諷誦閉戸授徒束脩所入盡以購書遂通經藝年二十一爲縣學生二十四補廩膳生六十二爲歲貢生永好學深思長於步算鍾律聲韻尤深於禮以朱子晚年治禮爲儀禮經傳通解未成而卒黃幹纂續缺漏浸多乃爲之廣摭博討從吉凶軍賓嘉五禮之次名曰禮

經綱目數易稿而後定其論宣城梅氏所言歲實消長之誤曰日平行於黄道是爲恒氣恒歲實因有本輪均輪高衝之差而生盈縮謂之視行視行者日之實體所至而平行者本輪之心也以視行加減平行故定氣時刻多寡不同高衝爲縮末盈初之端歲有推移故定氣時刻之多寡且歲歲不同而恒氣恒歲實終古無增損也當以恒者爲率隨其時之高衝以算定氣而歲實消長可勿論猶之月有平朔平望之策以求定朔定望而此月與彼月多於朔策幾何少於朔策幾何俱不計也論鍾律曰黄鍾之宫黄鍾半律也卽後世所謂黄鍾清

聲是也唐時風雅十二詩譜以清黃起調畢曲琴家正宮調黃鍾不在大絃而在第三絃正黃鍾之宮爲律本遺意亦聲律自然古今不異理也國語伶州鳩因論七律而及武王之四樂夸則無射曰上宮黃鍾太蔟曰下宮蓋律長者用其清聲律短者用其濁聲古樂用鈞之法旣亡而因端可推韓子外儲篇曰夫瑟以小絃爲大聲大絃爲小聲雖詭其辭以諷然因是知古者調瑟之法黃鍾大呂太蔟夾鍾姑洗仲呂蕤賓用半而居小絃林鍾夸則南呂無射應鍾用全而居大絃此皆合之以管呂論聲律相生者始明也論聲韻曰古韻起於吳才

老而崑山顧氏尤精然顧氏考古之功多審音之功淺爲書以正顧氏分十部之疏而分平上去三聲皆十三部入聲八部虞屬魚模又分之以屬侯幽顧氏未之知也先屬元寒又分之以屬眞諄而眞以後十有四韻之當分爲二考之三百篇用韻畫然顧氏未之審也蕭至豪四韻之讀如今音者一部也又分以屬侯幽在三百篇亦畫然而顧氏未審也覃至鹽屬添嚴又分以屬侵自侵以後九韻以侈斂當分爲二猶之眞以後當分十有四韻爲二也顧氏亦一之侯之正音近幽顧氏不之審而轉其讀以從虞永之說蓋欲彌縫其缺也易彖言

往來上下者後儒謂之卦變言人人殊辨之曰周易以反對爲序次卦變當於反卦取之否反爲泰泰反爲否故曰小往大來曰大往小來是其例也凡曰來曰下曰反者自反卦之外卦來居內卦也曰往曰上曰進曰升者自反卦之內卦往居外卦也後儒言古者寓兵於農井田廢而兵農始分辨之曰考之春秋時兵農固已分矣管仲參國伍鄙之法齊三軍出之士鄉十有五公與國子高子分率之而鄙處之農不與也爲農者治田供稅不以隸於師旅也鄉田但有兵賦無田稅似後世之軍田屯田此外更無養兵之費晉之始惟一軍既而作

二軍作三軍又作三行作五軍既舍二軍旋作六軍以
新軍無帥而復三軍其既增又損也蓋除其軍籍使之
歸農若軍盡出於農則農民固在安用屢易軍制乎隨
武子曰楚國荆尸而舉商農工賈不敗其業此農不從
軍之證也魯之作三軍也季氏取其乘之父兄子弟盡
征之孟氏取半焉以其半歸公叔孫氏臣其子弟而以
其父兄歸公所謂子弟者兵之壯者也父兄兵之老者
也皆其素在軍籍隸之卒乘者非通國之父兄子弟也
其後舍三軍季氏擇二二子各一皆盡征之而貢於公
若民之爲農者出田稅自仍然歸之君故哀公曰二吾

猶不足三家雖專亦惟食其采邑豈嘗使通國之農盡屬己哉陽虎壬辰戒都車令癸巳至此又兵常近國都之證其野處之農固不爲兵也卒年八十有二所著書周禮疑義舉要六卷儀禮釋宮增注一卷禮記訓義擇言八卷深衣考誤一卷禮經綱目八十八卷律呂闡微十卷春秋地理考實四卷鄉黨圖考十卷古韻標準六卷四聲切韻表四卷音學辨微一卷推步法解五卷七政衍金水二星發微冬至權度恒氣註歷辨歲實消長辨歷學補論中西合法擬草各一卷近思錄集注十四卷讀書隨筆十二卷四書典林四十卷永爲人和易近

人處里黨以孝悌仁讓爲先人多化之嘗援春秋傳豐年補敗之義勸鄉人輸穀立義倉行之三十年一鄉之人不知有饑饉云嘗一至江西應學使金德瑛之招也一游京師以同郡程編修恂延之也是時三禮館總裁方侍郎苞自負其學見永卽以所疑士冠禮士昏禮數事爲問從容答之苞負氣不服永哂之而已荆溪吳編修紱深於三禮質以周官疑義永是以有周禮疑舉要之作也後數年程吳二君皆沒永家居寂然值

純皇帝崇獎實學

命大臣舉經術之儒有人薦永者永力辭之當

朝廷開三禮義疏館纂修諸臣聞有禮經綱目一書檄
下郡縣錄送以備參訂沒後一年
詔修音韻述微刑部尚書秦文恭公蕙田請於
朝令督臣取所著韻書三種進呈貯館以備採擇蓋戴
編修震在京師文恭公延之修五禮通考戴君擕有永
書以推步法解全篇載入觀象授時一類所以文恭知
永爲學者而有是請也考永學行乃一代通儒戴君爲
作行狀稱其學自漢經師康成後罕其儔匹非溢美之
辭然所著鄉黨圖考四書典林帖括之士竊其唾餘取
高第掇巍科者數百人而永以明經終老於家豈傳所

謂志與天地擬者其人不祥歟

金榜

金榜字輔之一字蘂中又字檠齋歙縣人江慎修之高弟子少有過人之資與休寧戴編修震相親善承師友之訓所以學有根柢言無枝葉也乾隆乙酉

召試舉人授內閣中書在

軍機處行走乾隆壬辰以第一人及第授修撰散館後即乞假歸徜徉林下著書自娛專治三禮以高密爲宗不敢雜以後人之說可謂謹守繩墨之儒矣戴君東原以司馬法賦出車徒二法難通乃舉小司徒正卒羨卒

以釋之曰夏官諸司馬職亡周人軍賦莫可考見其制有正卒以起軍旅有羨卒以作田役比追胥小司徒職均土地以稽其人民而周知其數上地家七人可任也者家三人中地家六人可任也者二家五人下地家五人可任也者家二人凡起徒役無過家一人以其餘爲羨惟田與追胥竭作又云凡國之大事致民大故致餘子此正羨二卒以司馬法計之率十八而賦其一其大法也司馬法一云六尺爲步步百爲畝畝百爲夫夫三爲屋屋三爲井井十爲通通爲匹馬三十家士一人徒二人通十爲成成百井三百家革車一乘士十人徒二

十人十成爲終終千井三千家革車十乘士百人徒二百人十終爲同同方百里萬井三萬家革車百乘士千人徒二千人蓋家計可任者一人一成三百家可任者三百人而革車一乘士徒凡三十人是爲十而賦一所謂凡起徒役無過家一人者也一云九夫爲井四井爲邑四邑爲邱邱十六井有戎馬一匹牛三頭是曰匹馬邱牛四邱爲甸甸六十四井出長轂一乘馬四匹牛十二頭甲士三人步卒七十二人戈楯具備謂之乘馬甸六十四井通上中下地率之定受田二百八十八家計可任者二家五人凡七百二十人出長轂一乘步卒七

十二人亦十而賦一甲士三人者其軍吏所謂惟田與追胥竭作者也前法家可任者一人十賦一爲正卒後法可任者二家五人十賦一爲通正羨之卒小司徒職凡起徒役毋過家一人不言可任者嘗上可任也者家三人二家五人家二人省文非謂家作一人爲徒役其云田與追胥竭作亦非竭作此家三人二人爲羨卒也自均土地至田與追胥竭作爲小司徒稽民數而辨其可任者之事下云大事致民大故致餘子爲小司徒臨事徵調之事族師職曰五家爲比十家爲聯五人爲伍十人爲聯四閭爲族八閭爲聯使之相保相受相共以

役國事士師職曰掌鄉合州黨族閭比之聯與其民人之什伍使之相安相受以比追胥之事明聯其什伍士賦一爲卒爰使其居者相與共其馬牛車輦兵器諸用物是爲周人以地與民制賦之成法孫武言興師十萬不得操事者七十萬家彼以八家賦出一卒七家相與共其用故云不得操事是猶略具周人任民遺意管子治齊作內政寄軍令卒伍定乎里軍政成乎郊其制士鄉十五始家出一人爲卒班孟堅所謂隨時苟合以求欲速之功故不能充王制者也詩頌魯僖曰公車千乘公徒三萬與司馬法革車一乘士十人徒二十人數合

春秋成元年作邱甲說者謂此甸所賦使邱出之邱十六井通上中下地二而當一爲七十二家亦家出一人爲卒至戰國時蘇秦謂臨淄之中七萬户下户三男子臨淄之卒固已二十一萬始盡役其家之正羨爲卒而禍變亟矣儒者於周官軍數往往襍引管子釋之而於司馬法與周官更相表裏轉茫然莫辨甚矣其惑也小司徒職曰乃經土地而井牧其田野九夫爲井四井爲邑四邑爲邱四邱爲甸四甸爲縣四縣爲都以任地事而令貢賦凡稅斂之事此經主於任地令賦邱甸縣都者出賦之定數也古者一成百井定出賦六十四井謂

之甸甸之言乘也謂出兵車一乘賦法蓋權輿於此刑法志曰一同百里提封萬井除山川沈斥城池邑居園囿術路三千六百井定出賦六千四百井戎馬四百匹兵車百乘一封三百一十六里提封十萬井定出賦六萬四千井戎馬四千匹兵車千乘天子畿方千里提封百萬井定出賦六十四萬井戎馬四萬匹兵車萬乘今卽一同之內出賦六千四百井計之凡爲甸者百爲縣者二十有五爲都者六有奇賦法備於一甸小司徒經土地必計及一都之田而後上中下地通率二而當一井牧之法如此鄭君釋其制爲造都鄙更爲治洫治澮

之說榜謂大司徒之職凡造都鄙制其地域而溝封之
以其室數制之不易之地家百畮一易之地家二百畮
再易之地家三百畮周官造都鄙之法具於是至於匠
人爲溝洫司險設國之五溝五涂皆掌其事於官其用
民力也則均人均其力征豐年公旬用三日中年公旬
用二日無年公旬用一日謂緣邊一里治洫十里治澮
非古制也如鄭君說一同百里僅四千九十六井出田
稅又與司馬法邱乘之制不合小司徒有九夫爲井之
法遂人有十夫有溝之法地之險夷異形廣狹異數因
地勢而制其宜凡不可井者濟以遂人法而地無曠土

孟子請野九一而助國中什一使自賦國中城郭宮室差多涂巷又廣於遂人法爲宜是小司徒實與遂人聯事通職不以鄉遂都鄙異制審矣周禮泉府以國服爲之息元明諸人以爲乃新莽之制劉歆取以羼入周官宋王安石竊其說爲青苗法乃周禮之遺害也辨之曰泉府凡民之貸者與其有司辨而授之以國服爲之息注云有司其所屬吏也與之別其貸民之物定其賈以與之鄭司農云貸者謂從官借本賈也故有息使民弗利以其所賈之國所出爲息也假令其國出絲絮則以絲絮償其國出絺葛則以絺葛償元謂以國服爲之息

以其於國服事之稅爲息也於國事受園廛之田而貸萬泉者則期出息五百王莽時民貸以治產業者但計贏所得受息無過歲什一榜謂凡民之貸者謂從官借本賈先鄭說是也以國服爲之息以其於國服事之稅爲息後鄭說是也泉府市官之屬以受市之征布爲職其以市之征布貸於賈人以賈與上經以征布斂布之滯貨同義二者皆恤商阜貨泉府之職也其言凡民之貸者對下有司言之謂之民泉府不得與國人爲貸周官旅師職云掌聚野之鋤粟屋粟閒粟凡用粟春頒而秋斂之此貸於國人者不令出息爲其無所取贏也賈

人貸官財以權子母之利則有息農民受田計所收者納稅賈人貸泉計所得者出息其息或以泉布或以貨物輕重皆視田稅爲差是謂以國服爲之息朝士凡民同貨財者令以國法行之後鄭釋國法爲國服之法然則同貨財者爲貸本以賈者與經言凡國事之財用取具焉指所受市之征布大府所云關市之賦以待王之膳服是也外府職之其以國服爲之息者謂之餘財下經歲終納其餘是也職幣職之後儒以經文以國服爲之息與下凡國事之財用取具焉文相聯屬誤合爲一事至依托泉府以行其奸爰据二鄭之言贊而辨之如

此又論禘祭云天祭莫大於圜邱地祭莫大於方澤與宗廟禘其祖之所自出三者皆禘見於鄭君釋周官經大司樂後儒習知宗廟有禘疑禘非祭天地之名惟鄭君識古能述其義周語禘郊之事則有全烝魯語天子日入監九御使潔奉禘郊之粢盛楚語禘郊不過繭栗烝嘗不過把握又曰天子禘郊之事必自射其牲王后必自舂其粢諸侯宗廟之事必自射其牛刲羊擊豕夫人必自舂其盛又曰天子親舂禘郊之盛王后親繅其服其言禘郊與宗廟烝嘗對文明禘非宗廟之祭王制祭天地之牛角繭栗宗廟之牛角握與國語禘郊繭栗

粢鬯把握之文合表記天子親耕粢盛秬鬯以事上帝與國語天子親舂禘郊之盛文合天地之祭名禘昔於此矣周人歲有事於天者冬至禘昊天啟蟄郊上帝及四時迎氣於四郊兆祀五帝凡七祀大宗伯以禋祀祀昊天上帝司服祀昊天上帝則服大裘而冕祀五帝亦如之典瑞四圭有邸以祀天旅上帝明昊天與上帝殊掌次大旅上帝則張氈案設皇邸祀五帝則張大次小次設重帟重案明上帝與五帝殊其冬至禘昊天以嚳配啟蟄郊上帝以稷配魯語是以言周人禘嚳而郊稷四時迎氣祀五帝則以大皞炎帝黃帝少皞顓頊配冬

至禘昊天國語謂之禘戴記通謂之郊郊特牲曰郊之祭也迎長日之至也大報天而主日也又曰郊之用辛也周之始郊日以至祭義曰郊之祭大報天而主日配以月禮家舊說言日以周郊天之月而至陽氣新用事順之而用辛日此冬至圜丘之禘通得郊名也對啟蟄而郊言之故謂之始郊大司樂職凡樂圜鍾爲宮黃鍾爲角大蔟爲徵姑洗爲羽靁鼓靁鼗孤竹之管雲和之琴瑟雲門之舞冬日至於地上之圜丘奏之若樂六變則天神皆降可得而禮矣經言冬日至於圜丘奏之是著啟蟄而郊無此降神之樂鄭君釋天神地示人鬼三

大祭爲禘引祭法周人禘嚳而郊稷謂此祭天圜丘以嚳配之又言人鬼則主后稷旣於圜丘之禘宗廟之禘區別不疑其釋喪服小記及大傳王者禘其祖之所自出以其祖配之又以禘爲郊稷稷與大司樂宗廟之中禮人鬼之文違異喪服小記曰王者禘其祖之所自出以其祖配之而立四廟漢韋元成等四十四人奏議云禮王者始受命諸侯始封之君皆爲大祖以下五廟而遞毀周之所以七廟者以后稷始封文王武王受命而王是以三廟不毀與親廟四而七然則周人祖文武祖之所自出主稷也稷爲太祖廟立文世室武世室配之皆

世世不毀又下禘其親廟四所謂以其祖配之而立四
廟也逸禮禘於太廟禮毀廟之主升合食而立二尸又
日獻昭尸如穆尸之禮又日毀廟之主昭共一牢穆共
一牢祝詞稱孝子孝孫此禘祭之見於逸經者毀廟之
主立二尸是昭共一尸穆共一尸祝詞稱孝子明各祭
於其廟故於禰廟稱孝子也春秋公羊傳大事者何大
祫也毀廟之主陳於太祖未毀廟之主皆升合食於太
祖曾子問七廟無虛主虛主者惟祫祭於祖而逸禮有
七尸之文禮器周旅酬六尸鄭注云后稷尸發爵不受
旅此經傳之言祫禘者周公制禮之時文武之主尚在

親廟故禘遷主於太廟而立昭穆二尸逸禮祫祭惟七尸則祫之遷主無尸天子立廟得及其始祖之所自出凡祭皆然不惟禘也禘祭禮盛事殷故名大祭春秋傳曰魯有禘樂明堂位季夏六月以禘禮祀周公明其禮樂與時祭殊禘祫俱及遷廟之主諸侯則有祫無禘故記曰禮不王不禘天祭有禘名以別於郊宗廟之祭有禘名以別於祫禘郊禘禘祫因其散見之文可考如此論感生帝曰生民之詩具矣詩曰履帝武敏歆攸介攸止載震載夙載生載育時維后稷言后稷感神靈之氣而生也曰誕后稷之穡有相之道曰誕降嘉種維秬維秠

維糜維芑言后稷爲天所助以成稼穡之功也曰載燔載烈以興嗣歲曰其香始升上帝居歆言后稷肇祀以祈豐年而上帝歆享之也或曰帝或曰上帝皆指天帝而言若如傳釋帝爲高辛氏之帝則從於帝而見於天因以生子此亦何足稱異下經寘之隘巷寘之平林寒冰不且大遠於事情乎周人祈穀之郊實本於后稷之肇祀今由生民之詩釋之鄭君謂郊祀爲祀感生帝説非無據但月令孟春乃擇元日祈穀于上帝春秋傳孟獻子曰夫郊祀后稷以祈農事也是故啓蟄而郊郊而後耕夫曰祈穀曰祈農事而絕不及於祭感生者蓋詩

表先代之神靈禮嚴百王之祀事故不同也大傳王者禘其祖之所自出以其祖配之諸侯及其太祖大夫士有大事省於其君干祫及其高祖是爲尊者尊統上卑者尊統下之義喪服小記王者禘其祖之所自出以其祖配之而立四廟則以后稷始封文武受命稱王與四親廟對言爲七廟二條皆謂宗廟之禘與祭天無涉且禘嚳郊稷禮家或混禘於郊未嘗混郊於禘如鄭君說則祈穀又蒙禘名矣故鄭志答趙商云悉信亦非不信亦非斯言也敢援以爲治經之大法此其說之尤著者其論三江世儒多是之獨王光祿西沚與藩不以爲然

老年得髀痛疾卧牀蓐間手定禮箋十卷未幾卒

戴震

戴震字慎修一字東原休寧人祖寧仁父弁皆不仕君生十歲乃能言就傅讀書過目成誦塾師授以大學章句右經一章問其師曰此何以知爲孔子之言而曾子述之又何以知爲曾子之意而門人記之師曰此子朱子云爾又問朱子何時人曰南宋又問曾子何時人曰東周又問周去宋幾何時曰幾二千年曰然則子朱子何以知其然師不能荅讀書一字必求其義塾師略舉傳注訓解之意不釋師惡其煩乃取許氏說文解字令

檢閱之學之三年通其義於是十三經盡通矣隨父客南豐課學童於邵武自邵武歸年甫二十同縣程中允洵一見奇之時江君愼修來歙見君目爲儒者一日舉歷算中數事曰吾積疑十有餘年而未剖析者君爲之比較言其所以然江君驚喜曰今之定九也年二十八補縣學生家屢空而學日進著考工記圖屈原賦注勾股割圜記流傳浙東西天台齊侍郎召南讀其書恨不識其人江南惠定宇沈冠雲二徵君皆引爲忘年交乾隆二十七年壬午舉於鄉策蹇至京師困於逆旅人皆以狂生目之幾不能供饘粥獲交於錢少詹大昕稱爲

天下奇才秦文恭公纂五禮通考求精於推步者少詹
事君名文恭延之纂觀象授時一類後高郵王文肅公
安國請君至家塾課其子念孫一時館閣通人如河間
紀庶子昀嘉定王編修鳴盛青浦王蘭泉先生大興朱
笥河先生皆與之定交從此海內知東原氏矣試禮部
不第後朱方伯珪招之游晉修汾州府志三十八年奉
召充四庫全書館纂修官三十九年乙未
特命與會試中式者同赴
廷對授翰林院庶吉士四十二年五月卒於官享年五
十有五生平無嗜好惟喜讀書詞義鉤棘難通之文一

再讀之渙然冰釋其學長於考辨立一義初若創獲及參互考之確不可易春秋昭公二十二年十月王子猛卒而其夏秋已兩書王猛說者莫得其解解之曰王猛與鄭忽皆以國氏者也王者諸侯目王畿之辭非天子之號春秋凡書王猶列國之書其國書天王猶列國之書爵故王人與列國書人同爲微者王猛與鄭忽同以國氏忽未即位而出奔歸不得書爵書世子正其復國也王子猛未即位稱王故卒稱王子若先正其號曰王不得復稱王子矣周髀言北極璿璣四游又言正北極樞璿璣之中後人多疑其說解之曰正北極者曾論之

北辰今人所謂赤道極也北極璿璣者今人所謂黃道極也正北極者左旋之樞北極璿璣每晝夜環之而成規冬至夜半在正北極下是爲北游所極日加卯之時在正北極之左是爲東游所極日加午之時在正北極之上是爲南游所極日加酉之時在正北極之右是爲西游所極此璿璣之一日四游所極也冬至夜半起正北子位晝夜左旋一周而又過一度漸進至四分周之一則春分夜半爲東游所極又進至夏至夜半爲南游所極又進至秋分夜半爲西游所極此璿璣之一歲四游所極也虞夏書在璿璣玉衡以齊七政蓋設璿璣以

擬黃道極世失其傳也今人所用三角八線之法本出
於勾股而尊信西術者輒云勾股不能御三角折之曰
周髀云圜出於方方出於矩矩出於九九八十一三角
中無直角則不應乎矩無例可比矣必以法御之使成
勾股而止八線比例之術皆勾股法也嘗謂儒者治經
宜自爾雅始世所傳郭注已刪節不全邢疏又多疎漏
如釋言桄充也六經無桄字鄭注樂記孔子閒居皆訓
橫爲充橫桄古通用書光被四表漢書引爲橫被四表
今孔傳猶訓光爲充文譌而義不殊也釋言庥廕也卽
詩不可休思之休釋木桑柳醜條卽詩蠶月條桑之條

莊子云已而爲之者已而不知其然當從釋詁解已爲此其考證通悟多如此水經注譌舛多矣王伯厚引經文四事其三事皆注之溷於經者則經注之淆南宋時已然君獨尋其義例區而別之云經文每一水云某水出某郡縣此下不更舉水名注則兼及所納羣川故須重舉經云過某縣者統一縣而言注則詳言所逕委曲故有一縣而再三見者經據當時縣治善長作注時縣邑流移是以多稱故城經無言故城者也經例云過注例云逕以是推之經注之淆者可正也閻百詩顧景范胡朏明雖善讀古書猶未悟斯失至君始釐正之令

武英殿所刊卽用其校本海內始復見此書之眞面目焉嘗論學云經之至者道也所以明道者辭也所以成辭者字也必由字以通其辭由辭以通其道乃可得之又云治經之難雖一事必綜其全而覈之誦堯典至乃命羲和不知日月星辰之所以運行則掩卷不能卒業誦周南召南自關雎而往不知古音徒强以協韻則已齟齬失讀誦古禮先士冠禮不知古者宮室衣服等制已迷於其方莫辨其用不知古今地方沿革則禹貢職方山鎭川澤春秋列國疆域會盟攻戰之地失其處所不知古今推步之長則如夏書之辰不集於房曾太史

引以爲正陽之月孟夏東晉古文尚書繫之季秋小雅十月之交鄭康成以爲周正十月劉原父以爲夏正十月春秋傳兩記日南至歷代史志載步算家上考曲合其一而卒違其一儒者何以職古今之眞僞辨箋解之得失決魯歷至朔之當否不知少廣旁要則考工之器不能因文而推其制不知鳥獸蟲魚草木之名號狀類則比興之意乖六書之學詁訓音聲未始相離聲與音又經緯衡從宜辨魏有孫叔然剏立翻語厥後考經論韻悉用之晉人以譯西域釋氏之言釋氏之徒羣習其法因竊爲已有謂來自西域儒者數典不能記憶也管

呂言五聲十二律宮位乎中黃鍾之宮四寸五分爲起律之本學者蔽於鐘律失傳之後不追溯未失傳之先宜乎其說之多鑿也又訓學者二曰私曰蔽私生於欲之失而蔽生於知之失異氏尚無欲君子尚無蔽異氏之學主靜以爲至君子强恕以去私而問學以去蔽主以忠信而止於明善凡生於其心必發於其事私者逞已以縱欲無忌而僭不畏明無私矣尚不能無蔽蔽者不求諸事情以其意見信爲義理公而不能明廉潔而流於刻記曰夫民有血氣心知之性而無喜怒哀樂之常應感起物而動然後心術形焉凡有血氣心知於是

乎有欲性之徵於欲聲色臭味而愛畏分既有欲矣於是乎有情性之徵於情喜怒哀樂而慘舒分既有欲有情矣於是乎有巧與智性之徵於巧智美惡是非而好惡分生養之道存乎欲者也感通之道存乎情者也二者自然之符天下之事舉矣盡美惡之極致存乎巧者也宰御之方由斯而出盡是非之極致存乎智者也聖賢之德由斯而備二者亦自然之符精之以底於必然天下之能舉矣君子之治天下也使人各得其情各遂其欲勿悖於道義君子之自治也情與欲使一於道義夫過欲之害甚於防川絕情去智充塞仁義人之飲食

也養其血氣而其問學也養其心知是以貴乎自得血
氣得其養雖弱必强心知得其養雖愚必明是以貴乎
擴充君子獨居思仁公言言義動止應禮竭所能之謂
忠履所明之謂信平所施之謂恕則而致之仁且智不
私不蔽者也君子之未應事也敬而不肆以虞其疏事
至而動正而無邪以虞其僞必敬必正而要於致中和
以虞其偏其謬戒疏在乎戒懼去僞在乎愼獨致中和
在乎達禮精義至仁盡倫天下之人同然而歸之善可
謂至善矣夫以理爲學以道爲統以心爲宗探之茫茫
索之冥冥不若反求諸六經此原善之書所以作也其

所撰述有毛鄭詩考正四卷考工記圖二卷孟子字義疏證三卷方言疏證十三卷原善三卷原象一卷勾股割圜記三卷策算一卷聲韻考四卷聲類表十卷儀禮正誤一卷爾雅文字考十卷屈原賦注四卷九章補圖一卷古歷考二卷歷問二卷水地記一卷戴氏水經注四十卷直隸河渠書六十四卷文集十卷皆曲阜孔戶部繼涵爲刊行之君沒後十餘年

高廟校刊石經一日

命小璫持君所校水經注問

南書房諸臣曰戴震尚在否對曰已死

上歎惜久之時人皆謂君若不死必充纂修官嗟乎君以庶吉士得邀特達之知亦可謂稽古之榮矣同時學者郡人鄭牧方矩程瑤田汪龍鄭方二人事蹟不得其詳瑤田字易田又字易疇歙人乾隆庚寅舉人太倉州校官著有通藝錄行於世汪龍字蟄泉乾隆丙午舉人著有毛詩申成毛詩異義皆未刊行親受業者高郵王念孫字懷祖乾隆乙未進士授庶吉士散館改主事官至直隸永定河道精於訓詁著有廣雅疏證十卷子引之字伯申嘉慶己未姚文田榜以第三人及第今官翰林院侍講學士

能世其學段大令玉裁字若膺一字懋堂金壇人乾隆
庚辰舉人官四川巫山縣知縣講求古義深於小學著
書滿家刊行者惟詩經小學錄四卷說文解字注　卷
盧學士文弨紀相國昀邵學士晉涵任侍御大椿洪舍
人榜汪孝廉元亮皆同志之友而問學焉孔檢討廣森
則姻婭而執弟子之禮者也懋堂大令之婿曰龔麗正
號闇齋仁和人以懋堂爲師能傳其學著有國語韋昭
注疏嘉慶丙辰進士今官禮部祠祭司郎中

國朝漢學師承記卷五

國朝漢學師承記卷六

甘泉江　藩纂

盧文弨

盧文弨字紹弓號磯漁又號檠齋晚更號弓父抱經其堂顏也人稱曰抱經先生其先自餘姚遷杭州父存心恩貢生應博學宏詞科不第母馮馮景山公之女也文弨生而篤實少不好弄以讀書爲事既稟家學又得外王父之緒論已知學之所向矣長爲桑調元敔甫婿師事之於是學有本原不爲異說所惑初名嗣宗爲錢塘縣學生員繼由餘姚祖籍改今名援例入監乾隆戊午

中式順天舉人壬戌考授內閣中書壬申

恩科秦大士榜第三人及第授翰林院編修丁丑

命尚書房行走由左春坊左中允洊至翰林院侍讀學

士充乙酉廣東正考官旋

命提督湖廣學政戊子以學政言事不合例部議左遷

明年乞假養親歸乾隆乙卯十一月二十八日卒於常

州龍城書院年七十有九紹弓官京師與東原交善始

潛心漢學精於讎校歸田後二十餘年勤事丹鉛垂老

不衰所校之書大戴禮記左傳經典釋文逸周書孟子

音義荀子方言釋名賈誼新書獨斷春秋繁露白虎通

呂氏春秋韓詩外傳顏氏家訓封氏聞見記諸書又取易禮注疏呂氏讀詩記魏書宋史金史新唐書列子申鑒新序新論諸本脫漏者薈萃一書名曰羣書拾補抱經堂文集三十四卷及鍾山札記龍城札記刊行於世

紀昀

紀昀字曉嵐一字春帆晚年自號石雲獻縣人也世爲河間著姓祖天申有善行父容舒官姚安太守河間爲九河故道天雨則窪中汪洋成巨浸夜有火光天申夜夢火光入樓中而公生火光遂隱人以爲公乃靈物托生也少而奇頴讀書過目不忘夜坐暗室內二目爍爍

如電光不燭而能見物比知識漸開光卽斂矣年二十
四乾隆丁卯科解元甲戌成進士授庶吉士散館授編
修己卯充山西鄉試正考官庚辰充會試同考官辛巳
京察以道府記名壬午充順天鄉試同考官
命提督福建學政於癸未授侍讀明年丁父憂服闋充
日講起居注官擢左庶子戊子授貴州都勻知府以四
品留任晉侍讀學士緣事罣誤發烏魯木齊效力至戍
所時遣戍單丁五年內積至六千人爲都統具奏稿得
旨減釋爲民辛卯
召還授編修三十八年擢侍讀

命爲四庫全書館總纂官丙申授侍讀學士充
文淵閣直閣事日講起居注官己亥擢詹事旋晉內閣
學士壬寅授兵部右侍郎仍兼直閣事改任不開缺乃
異數也又轉左侍郎甲辰充會試副考官知武會試貢
舉乙巳晉左都御史丙午轉禮部尚書充
經筵講官戊申
賜紫禁城騎馬充武會試正考官壬子畿輔水災奏請
截留南漕萬石設十廠賑饑全活無算嘉慶元年丙辰
充會試正考官轉兵部尚書己未充武會試正考官癸
亥六月以八旬開秩

上遣官賫
上方珍玩賜之是年奏婦女猝遭强暴捆縛受汚不屈
見戕者例無旌表臣謂捍刃捐生其志與抗節被殺者
無異如忠臣烈士誓不從賊而縶縛把持雖使跪拜可
謂之屈膝賊廷哉請
敕交大學士九卿科道公議與未被汚者略示區别量
予旌表大學士保寧等議奏如凶手在兩人以上顯係
孱弱難支與强姦被殺者一體予旌飭交各督撫勘明
情形請
旨定奪

報可乙丑正月奉
旨調禮部尚書協辦大學士加太子少保管國子監事
十五日卒於位年八十有二奉
旨紀昀學問淹通辦理四庫全書始終其事十有餘年
甚爲出力由翰林洊歷正卿服官五十餘載本年正月
甫經擢襄綸閣晉錫宮銜遽聞溘逝深爲軫惜加恩賞
陀羅經被派散秩大臣德通帶同侍衛十員前往賜奠
並賞庫銀五百兩經理喪事任內處分悉予開復應得
卹典查例具奏
賜祭葬

于謚文達公於書無所不通尤深漢易力闢圖書之謬四庫全書提要簡明目錄皆出公手大而經史子集以及醫卜詞曲之類其評論抉奧闡幽詞明理正識力在王仲寶阮孝緒之上可謂通儒矣胸懷坦率性好滑稽有陳亞之稱然驟聞其語近於詼諧過而思之乃名言也公一生精力粹於提要一書又好爲稗官小說而嬾於著書少年間有撰述今藏於家是以世無傳者今錄公所作戴氏考工記圖序一篇以見梗概序曰戴君東原始爲考工記作圖也圖後附以己說而無注乾隆乙亥夏余初識戴君奇其書欲付之梓遲之半載戴君乃

爲余删取先後鄭注而自定其說以爲補注又越十載書成仍名曰考工記圖從其始也戴君語予曰昔丁卯戊辰間先師程中允出是書以示齊學士次風先生學士一見而歎曰誠奇書也今再遇子奇之是書可不憾已戴君深明古人小學故其考證制度字義爲漢以降儒者所不能及以是求之聖人遺經發明獨多詩三百尚書二十八篇爾雅等皆有撰著自以爲恐成書太早而獨於考工記則曰是亞於經也者考證雖難要得其詳則止矣余以戴君之說與昔儒舊訓參互校覈轂末之軹明其當作軒不得與輿人之軹轛二名溷淆今字

書倂軒字無之車人徹廣六尺以鬲長車廣當相等兩轅之間六尺旁加輻內六寸輻廣三寸綆寸合左右凡二尺則大車之徹亦八尺字譌八爲六弓人膠三鋝一弓之膠不得過兩有十銖二十五分銖之十四正其當爲三鋝此皆記文之誤漢儒已莫之是正者後鄭謂軫輿後橫木戴君乃曰輈人言軫間左右名軫之證也加軫與轐弓長庇軫軫方象地前後左右通名軫之證也輈人任正衡任鄭以當軓與衡而謂軓爲輿下三面材輢式之所樹戴君乃曰此爲下當兔圍軸圍發其意也若輢式之所樹宜記於輿人今輈人爲之殆非也鄭以

戈胡句倨外博爲胡上下戴君曰此不宜與已倨已句字義有異鄭引許叔重說文解字及東萊稱證鋝鍰數同戴君乃曰鍰之假借字作垸鋝之假借字史記作率漢書作選伏生尚書大傳作饌數小大相懸合爲一未然也戟刺長短無文鄭氏旣未及賈公彥云蓋與胡同六寸戴君則曰戈一援戟二援也中直援名刺與枝出之援同長七寸有半寸刺連內爲一直刃通長尺有二寸猶夫戈之直刃通長尺有二寸也桃氏爲劍中其莖設其後鄭訓設爲大謂從中已後稍大之戴君曰不當與設其旋設其羽之屬異義後謂劍環在人所握之下

故名後與劍首對稱矣鍾之鉦間無文鄭以爲與鼓間六等而合舞廣四爲鍾長十六戴君乃曰鍾自銑至鉦自鉦至舞斂網以二準諸句股濤銑間八鉦間亦八是爲鍾長十六舞者其上覆脩六廣四蓋鍾羨之度不當在鍾長之數玉案以承棗㮚莫詳其制戴君引棜禁及漢小方案定其有四周而局足盧人句兵欲無彈刺兵欲無蜎鄭皆訓之爲掉戴君讀彈如夗蟺之蟺轉掉也蜎搖掉也其所以補正鄭氏注者精審類如此他若因嘉量論黃鍾少宮因玉人土圭匠人爲規識景論地與天體相應寒暑進退晝夜永短之理辯天子諸侯之宮

三朝三門宗廟社稷所在詳明堂个與夾室之制中井
田溝洫之法觸事廣義俾古人制度之大暨其禮樂之
器昭然復見於今茲是書之爲治經所取益固鉅然戴
君不喜馳騁其辭但存所是文略又於輈人龍旂鳥旟
之屬梓人筍虡車人大車羊車之等圖不具其言曰思
而可得者微見其端要留以待後學治古文者之致思
可也斯誠得論著之體矣余獨慮守章句之儒不知引
伸膠執舊聞沾沾然動其喙也是以論其大指以爲之
序首同時翁君覃谿者亦爲漢學收藏金石碑版文字
著有經義考補兩漢金石文字記行於世翁君名方綱

慈案進士題名碑錄康熙壬辰科邵向榮名乾隆紹興府志人物有邵向榮傳亦止言其爲舉人選舉表進士亦不載其名惟小注云據餘姚志甚相符邵向榮四字當同然王氏昶撰墓表洪氏亮吉撰家傳皆同此記疑向榮僅由會試而未殿試故洪傳亦止云康熙壬辰會試中式由內閣中書改知縣又致仕謙云則其未成進士可知

大興人乾隆丁卯科舉人壬申
恩科成進士授庶吉士散館授編修官至內閣學士兼
禮部侍郎因老疾以學士歸田

邵晉涵

邵晉涵字與桐號二雲餘姚人也祖向榮康熙壬辰進士父佳鈗增廣生君生而穎異少多疾左目微眚然讀書十行並下終身不忘乾隆乙酉中式本省鄉試舉人
典試者錢先生竹汀也越六年禮部會試第一
賜進士出身乾隆三十八年
詔修四庫全書金壇首以君名入告

召赴闕下除翰林院庶吉士充纂修官逾年授編修後
御試翰詹名列二等遷右中允洊官至侍講學士兼
文淵閣直閣事於書無所不讀而非法之書不陳於側
嘗謂爾雅乃六藝之津梁而邢疏淺陋乃別爲正義兼
采舍人樊光李巡孫炎諸家之注有未詳者摭他書補
之今之學者皆舍邢而宗邵矣在四庫館時永樂大典
載有薛居正五代史乃會粹編次其闕者以册府元龜
諸書補之由是薛史復傳竹汀先生問論宋史紀傳南
渡後不如東都之有法寧宗以後又不如前三朝之恫
備徵特事迹不詳卽褒貶亦失其實君聞而善之取熊

克李燾李心傳陳均劉時舉所撰之書及宋人筆記撰南都事略以續王偁之書詞簡事增正史不及也君嘗預修

國史館中收貯

先朝史册以數千計總裁問以某事答曰在某册第幾頁中百不失一咸訝以爲神人焉撰述又有孟子述義穀梁正義韓詩内傳攷

皇朝大臣謚迹錄輶軒日記南江文集皆實事求是爲學者有益之書君在日下教授生徒以自給足不詣權要之門所以迴翔清署二十餘年而官止四品也君少

從山陰劉文蔚豹君童君二樹游習聞蕺山南雷之說於明季黨禍緣起奄寺亂政及唐魯二王本末從容談論往往出於正史之外自君謝世而南江之文獻亡矣

任大椿

任大椿字幼植一字子田興化人爲諸生時與同邑侍鷺川朝詩歌唱和藝林稱之乾隆壬午科舉人三十四年己丑二甲第一名進士授禮部主事轉郎中陝西道監察御史充四庫全書館纂修官子田與東原同舉於鄉於是習聞其論說究心漢儒之學著有弁服釋例十卷深衣釋例三卷字林考逸八卷小學鉤沉二十卷子

田詩集四卷同時有歸安丁小疋名杰者謂曾著字林
考逸一書稿本存子田處子田竊其書而署其名作書
徧告同人一時傳以爲笑然子田似非竊人書者今其
族弟兆麟又采獲一百五十餘條爲考逸補正云兆麟
字文田震澤籍諸生薦舉孝廉方正嘗注夏小正本鄭
仲師周官注移主夫出火一條在三月又移時有見稊
始收一條在五月又爲補入采芑雞始乳二條王光祿
禮堂序以爲確當絕倫也弟子中以經術著者山陽汪
廷珍字瑟庵十三經義疏皆能闇誦不遺一字舉經史
疑義叩之應答無滯義乾隆丙午科舉人己酉

恩科胡長齡榜以第二人及第今官內閣學士兼禮部侍郎胡長齡字西庚一字印渚通州人博覽羣籍說經以康成爲宗乾隆癸卯舉人已酉

恩科第一人及第今官兵部侍郎

洪榜

洪榜字汝登一字初堂歙縣人也年十五補邑庠生乾隆乙酉選拔與兄朴同應

召試梁文定公國治時爲安徽學使評其賦曰詞霏玉屑則弟勝於兄文抱風雲則伯優於仲朴授中書而榜未獲雋然以文章見知於文定乃從遊至晉旋中乾隆

戊子科舉人丙申應天津
召試第一授中書舍人卒年三十有五榜少與同郡戴君東原金君輔之交粹於經學著有明象未成書終於益卦因鄭康成易贊作述贊二卷其解周易詁訓本兩漢行文如先秦又明聲均撰四聲均和表五卷示兒切語一卷江氏永切字六百十有六是書增補百三十九字又以字母見溪等字注於廣韻之目每字之上以定喉吻舌齒脣五音蓋其書宗江戴二家之說而加詳焉平生著述甚多皆未卒業有周易古義錄書經釋典詩經古義錄詩經釋典儀禮十七篇書後春秋公羊傳例

論語古義錄初堂讀書記初堂隨筆許氏經義諸書留心奇遁之術以其術犯造物忌病中舉所著畀之火唯新安大好紀麗久已刊行爲人律身以正待人以誠以孝友著於鄉里生平學問之道服膺戴氏戴氏所作孟子字義疏證當時讀者不能通其義惟榜以爲功不在禹下撰東原氏行狀載與彭進士尺木書笥河師見之曰可不必載戴氏可傳者不在此榜乃上書辨論今行狀不載此書乃東原子中立删之非其意也藩是時在吳下見其書歎曰洪君可謂衞道之儒矣今錄其文於左文曰洪榜頓首笥河先生閣下前者具狀戴先生行

實俾其遺孤中立稽首閣下之門求志其墓石頌承面諭以狀中所載答彭進士書可不必載性與天道不可得聞何圖更於程朱之外復有論說乎戴氏所可傳者不在此榜聞命唯唯惕於尊重不敢有辭退念閣下今爲學者宗非漫云爾者其指大略有三其一謂程朱大賢立身制行卓絕其所立說不得復有異同疑於緣隙奮筆加以醜嘲奪彼與此其一謂經生貴有家法漢學自漢宋學自宋今既詳度數精訓故乃不可復涉及性命之旨反述所短以揜所長其一或謂儒生可勉而爲聖賢不可學而至以彼矻矻稽古守殘謂是淵淵聞道

知德曾無溢美必有過辭蓋閣下之旨出是三者仰見閣下論學之嚴制辭之愼然恐閣下尙未盡察戴氏所以論述之心與榜所以表章戴氏之意使榜且得罪不可以終無辭夫戴氏與彭進士書非難程朱也正陸王之失耳非正陸王也闢老釋之邪說耳非闢老釋也闢夫後之學者實爲老釋而陽爲儒書援周孔之言入老釋之教以老釋之似亂周孔之眞而皆附於程朱之學閣下謂程朱大賢立身制行卓絕豈獨程朱大賢立身制行卓絕陸王亦大賢立身制行卓絕卽老釋亦大賢立身制行卓絕也唯其如是使後儒小生閉口不敢道

寧疑周孔不敢疑程朱而其才智少過人者則又附援程朱以入老釋彼老釋者幸漢唐之儒抵而排之矣今論者乃謂先儒所抵排者特老釋之粗而其精者雖周孔之微旨不是過也誠使老釋之精者雖周孔不是過則何以生於其心發於其事繆戾如彼哉況周孔之書具在苟得其解皆不可以强通使程朱而聞後學者之言如此知必急急然正之也然則戴氏之書非故爲異同非緣隙釀嘲非欲奪彼與此昭昭甚明矣至謂治經之士宜有家法非爲宋學卽爲漢學心性之說賈馬服鄭所不詳今爲賈馬服鄭之學者亦不得詳夫言性言

心亦不自宋以後興也周末諸子及秦漢間著書立說者多及之其辭雖殊其意究無大異凡以勸學立教而已惟老聃莊周之書乃有沖虛之說眞宰之名不寄於事不由於學謂之返其性情而復其初魏晉之閒此學盛興而諸佛書流入中土亦適於此時爲盛其書本淺妄無足道譯者雜以老莊之旨緣飾其說大暢元風唐傅奕曾言其事矣然而未敢以入儒書也至乎昌黎韓氏力闢佛老作爲原道等書使學者昭然知二氏之非而其時佛氏之說入人旣深則又有柳子厚之徒謂韓氏所罪者其迹也忿其外而遺其中譬之知石而不知

韞玉彼其不可斥者往往與易論語合不與孔子異道也此說一出後之學者往往執是說以求之易論語而所謂易論語者則又專用魏王氏之注與何氏之集解其人本深於老釋其說亦雜於二家此則宜其有合也歷唐之末逮宋之初此論紛紜固結而不可解於是讀易論語書者或往往先從事於二氏因卽以其有得於二氏之精者以說易論語之書是以眉山蘇氏作六一居士集序曰新學以佛老之似亂周孔之眞識者憂之也宋熙寧以後此弊日深至於姚江王氏之學行則直以佛書釋論孟矣彼賈馬服鄭當時蓋無是弊而今學

者束髮受書言理言道言心言性所謂理道心性之云
則皆六經孔孟之辭而其所以爲理道心性之說者往
往雜乎老釋之旨使其說之果是則將從而發明之矣
如其說之果非則治經者固不可以默而已也如使賈
馬服鄭生於是時則亦不可以默而已也前之二說閣
下苟詳察之亦知戴氏之非私於其學而榜之非私於
戴氏矣至於聞道之名不可輕以許人猶聖賢之不可
學而至如閣下以此爲慮此其猶存乎後儒之見也孟
子謂聖人人倫之至首陽之義孔子稱曰古之賢人夫
聖賢不可至蓋在是矣雖然安可以自棄乎哉若夫高

談深遠者謂之知道不言而躬行者謂之未聞道及夫治經訓者謂之儒林明性道者謂之道學此固戴氏所不道而榜所望於閣下表揚之者亦不在是也夫戴氏論性道莫備於其論孟子之書而所以名其書者曰孟子字義疏證焉耳然則非言性命之旨也訓故而已矣度數而已矣要之戴氏之學其有功於六經孔孟之言甚大使後之學者無馳心於高妙而明察於人倫庶物之間必自戴氏始也惟閣下裁察焉榜弟梧字桐生乾隆庚子

召試中書庚戌成進士授庶吉士散館授編修官至沂

州府知府博古通今兼工詞翰榜同邑有汪萊者字孝嬰藩之客友也優貢生大學士祿康薦修國史天文志議敘以教官用選石埭縣訓導深於經學十三經注疏皆能背誦如流水而又能心通其義人有以疑義問者觸類旁通略無窒礙尤善歷算通中西之術著有衡齋算學刊行於世與元和李尚之鋭論開方題解及秦九韶立天元一法不合遂如寇仇終身不相見噫過矣然今之學者大江以南惟顧君千里與孝嬰二人而已烏可多得哉孝嬰之友有欽人羅子信者名永符丁卯舉於鄉辛未成進士選庶吉士善讀書通經

達史工詩古文亦瓌奇之士也洪瑩字賓華甲子舉人已巳

恩科第一人及第授修撰淹通經史五經皆有撰述亦歙人也

汪元亮

汪元亮字明之一字竹香元和人爲諸生時有文譽與同郡余古農師薛香聞師結詩社於城東睥睨餘子不可一世乾隆壬午與戴君東原同舉於鄉相親善乃究心經義及六書之學平生論學則推東原及程君易疇論詩文則推古農師屢上公車不第以教授生徒自給

從游者多掇科第去而君以孝廉終命也夫少時得狂疾忽已忽作作時不省人事日夕呌罵纏綿幾二十年所有著述於疾作時皆投諸火僅存詩古文而已

孔廣森　李文藻　桂馥

孔廣森字衆仲一字撝約又字顨軒曲阜人年十七中乾隆戊子科舉人辛卯成進士官檢討旋丁内艱服闋補官淡於世情陳情歸養忽遭家難爲訟所累扶病奔走江淮河洛間卒卒無歡悰未幾居大母與父喪竟以哀毁卒卒年三十有五少受經於東原氏爲三禮及公羊春秋之學能作篆隸書入能品尤工駢體文汪明經

中孫觀察星衍亟稱之其序戴氏遺書曰緬惟樂遊講藝訪太傅於石渠元日談經坐侍中於重席時則玉羊旣遠金虎初開著學官者凡十四家說稽古者成數萬字至若五互是六沴之徵定君陽武三科七缺之法奬獄淮南士苟通經皆能致用蓋原其授受本屬參商敘其世年未暌昌闕是以祖之前師沿之後葉北方戎馬不能屏視月之儒南國浮屠不能改經天之義夫學有優劣者時也經有顯晦者數也五君晚出非漢博士之傳千禩相仍廢鄭司農之註縱横異說別創先天顛倒聖文悉更後定特以腐儒炫視易謬驪黃末士明經原求

青紫但遵甲合粗知帖括之詞疇克庚言紹彼先民之
作敏而好學信而好古惟於戴君見之已君以梅姚偕
僞孔蔡謬悠妄云壁下之書猥有航頭之字古文一卷
祗出西州小序百篇舊名北斗正讀攝誥歷黃序而僅
存月采豐刑遵赤眉而已爐乃或誤援伊訓滋元年正
月之疑強執周官推五服一朝之解譬之爭年鄭市本
自兩非議瓜驪山艮無一是是用翦除假託折衷羣淆
步驟五三目錄四七爲尚書義考未成成堯典一卷又
以要聞五際尙論四家毛傳孤行是觴源於牟妙鄭箋
破字每毫采於轅嬰莫不假聲注文以意逆志誠古訓

之所式多識之所資也雖其篇冠以敘擇焉不精或云
托諸西河或云造諸東海然嗣音貽玖何必欲色之音
交扈羅鴛實爲陳古之刺爲毛鄭詩考正四卷別爲詩
補傳未成成周南召南二卷君之入書局也西京客史
夙善徐生東觀中文遂分淹禮乃取忠甫識誤德明釋
文殫求豕亥之差期復鴻都之舊互相參檢頗有整齊
削康成長衍之條退喪服厠經之傳爲儀禮正誤一卷
鄭斤粵鎛之篇備遺事職穹蓋星弓之敘首列巾車九
經九緯營國有方五溝五涂奠水有則尋筵既度遂知
洛邑之朝圭槷未懸孰辨營邱之夕以至肆懸舞甬五

等琮璜槐里樽窐椎成劍沒大夫嫁女之器未必皆眞單于賄漢之銘何嘗盡僞諶鎰之所畫繢梁聶之所更瞀不有參稽將無競爽爲考工記圖二卷古者冕服以祭弁服以朝祭則衣純朝則以布芾形連帶制異於直方屨色從裳次分於繢繡周壇饗帝大裘降繁露之華曾禘嫌王旒璪飾丹雞之祝等威昭焉文質備焉道學起而儒林衰性理興而曲臺絕齊秦委武莫識稱名殷夏圜章焉能考據溯增冰於積水示祭海於先河爲學禮篇一卷冠其文集十卷之首且夫一陰一陽之爲道見仁見知之爲性通於六籍之爲學辨於萬事之爲理

謂理具靈臺則師智者得謂學遺象罔則悟寂者先豈有略窺語錄便詡知天解斥陽明即稱希聖信洛黨之盡善疑孟氏之未醇其說空空其見小小蓋繹鄭君生質之訓誦周雅敎木之箋所謂受中自天秉彝攸好孔提可案漢學非譌爲原善一卷孟子字義疏證三卷大學中庸補註各一卷君之學術此其大端歟景純有云爾雅者九流之津涉六藝之鈐鍵虎闈小學未束髮而知書豹鼠奇編不下席而覩古故辨言之樂對於三朝首基之文問於五始至於殊方別語絕代離詞皆轉注之指歸亦凡將之墜緒爲爾雅文字考十卷方言疏證

十三卷書敘有六最夥諸聲叔重無雙惟傳解字若乃部分平仄母別見溪官家恨狹羊戎之所自爲天子聖哲梁武之所不信古人韻緩止屬椎輪後世音繁實精引墨君寄其清濁導以源流旁通反紐發周沈之舊聞上協詩騷採賾江之新義爲聲韻考四卷聲類表十卷於是辨韻之餘留觀百氏研音之下雅愛三閭以爲娀臺訪女近窈窕之遺聲湘水搴芳續榛苓之逸響叔師註而未詳辨招附而不可核之漢志名從主人爲屈原賦注四卷自疇人分散鄒大失居九章中落昧商高積矩之言八線西來竊師氏旁要之算而耳聽下士穴見

小儒不知五五之開方輒薄九九之賤技哨壺斗五律
管徑三元晦以之存疑季通以之强說未知紀步何能
讀宅柳之經未曉倨句何能治上輿之記爲九章補圖
一卷原象一卷古歷考二卷歷問二卷昔趙商難禮先
求五服之方景伯受詩卽涉七州之地君山川能說郡
縣成圖酈元故籍證其緜褫崑渤今流條其脈絡爲戴
氏水經注四十卷水地記一卷直隸河渠書六十四卷
嗚呼君之著書可謂博矣君之見道可謂深矣向使壽
之以年行其所志下安輪於都尉授梯几於鴻臚雍宮
未建命曹褒以定儀大予將成詔宋登而持節雖復辨

御訟闕公羊未必能明予駮移書遂禮難其置立而太山郡將北面稱師上蔡通侯西行受業則河陽既貫轄車方賜於五更君上從游錄牒庶多於萬計豈謂陰堂告祲圓石鐫名一經之寫定無年三歲之瓊瑰已夢清明卷佚長封下馬之陵通德人亡不待嗟蛇之歲然而太元覆瓿終遇桓譚都養陳謨彌僔伏勝鄭鄉絕學倘千百載而重興戴氏遺書於十三經其有補悲懷逝者延佇將來廣森深於戴氏之學故能義探其原言則於古也世人徒賞其文詞之工抑亦末矣著有大戴禮記注十三卷儀鄭堂文集二卷繼涵字莊谷乾隆庚辰科

舉人辛巳成進士官至戶部郎中其子廣栻東原之壻繼涵深於三禮校刊微波榭叢書廣森之叔也同時有李南礀者名文藻字素伯一字茝畹先世自棗強遷益都遂爲益都人文藻天資俊朗年十三從父遠遊曹家亭作記一篇仿赤壁賦見者以爲神童二十一補邑庠生乾隆己卯中式本省舉人明年成進士久之謁選廣東恩平縣知縣三年俸滿擢桂林府同知未及一年卒居官有政績粵人至今稱之性好博覽不爲世俗之學聚書數萬卷手自讎校丹鉛不去手又好碑版文字游歷所至學宮寺觀巖崖石壁必停驂搜討有僕劉福者

善椎拓攜紙墨以從有所得盡拓之又有一僕忘其名因拓摩崖刻石失足墮崖死文藻哭之慟生平樂道人善表章潛德如濟陽張處士稷若元和惠徵君定宇婺源江君愼修訪其遺書刊行之名曰貸園叢書德州梁鴻翥窮老篤學月必誦九經一過鄉里目爲痴人文藻一見奇之爲之延譽遂知名於世曲阜桂馥字未谷亦深小學乾隆己酉科舉人庚戌成進士選敎授保舉知縣補雲南永平縣知縣卒於官工篆刻世人重其技擬之文三橋云所著有許氏說文解字義証五十卷札樸十卷近日山左學者以郝君懿行爲巨擘焉懿行字恂

九棲霞人嘉慶己未進士官主事著有山海經注乃實事求是之學若近世標竊膚淺者豈可同日而語哉棲霞又有牟廷相字默人覃谿學士爲藩言之後晤萊陽趙君曾始知其治今文尚書趙君字北嵐乾隆己酉舉人分發江蘇以知縣用性好古錢及金石文字治經爲今文尚書三禮左氏春秋之學亦山左之翹楚也又有濟寧進士許君鴻磐字漸逵者安嶶候補同知深於輿地之學亡友凌君次仲亟稱之後見所著雪帆雜著一册皆辨駁地理之説不在朏明祖禹之下其論內地及外裔山川瞭如指掌蓋四方經緯洞徹胸中故不爲皮

傳之言也在京師與戴君金溪談及雪帆雜著金溪曰許君曾官指揮當時以俗吏目之失許君矣又有膠州王夏字蜀子號大村邑諸生喜爲詩與高密詩人李少霍兄弟友善好學篤古尤邃於經其持論多發前人所未發所有著述秘不示人於趙君北嵐處見其所作釋稷一篇穿穴經傳義明詞達可謂通人矣

國朝漢學師承記卷六

國朝漢學師承記卷七

甘泉江　藩纂

陳厚耀

陳厚耀字泗源泰州人康熙四十五年丙戌進士學問淹通從梅徵君鼎受歷算遂通中西之術李相國光地薦厚耀通歷學

召見試以三角形令求中線又問弧背尺寸厚耀具劄進呈稱

旨旋以省親乞歸里戊子

特命來京已丑五月

駕幸熱河至密雲
命寫筆算式進呈少頃出
御書筆算問知此法否對曰
皇上此法精妙簡便臣法不可用
上諭曰朕將教汝汝其細心貫想以待朕問次日又
問曰汝能測北極出地高下否對曰若將儀器測景長短用檢八綫表可得高度此乃二分所測之法若餘節氣又有加減之法然亦不準以地上有朦氣差以人目視之有卑高映小爲大之異故也又
問地周三百六十度依周尺每度二百五十里今尺二

百里地周幾何地徑幾何奏云依周尺地周九萬里今尺七萬二千里以圍三徑一推之地徑二萬四千以密率推之當得地徑二萬二千九百一十八里有奇

上復問地圓出何書對以周髀算經曾言之

問何以見其圓也對曰職方外紀西人言繞地過一周四匝皆生齒所居故知其爲圓且東西測景有時差南北測星有地差皆與圓形相合故益知其爲圓時厚耀以母年高不忍離乃就教職得蘇州府教授未踰年

召入南書房

上問測景是何法厚耀求

指示
上曰此法甚精不必用八綫表卽以西洋定位法開方
法虛擬法寫示又
命至座旁隨意作兩點於紙上厚燿隨點之
上用規尺畫圖卽得兩點相去幾何之法
上從容諭之曰堯典敬授人時乃帝王大事奈何勿講
嘗
召入至淵鑒齋問難反覆並及天象樂律山川形勢得
徧觀
御前陳列儀器

召至西煖閣詢問家世甚詳從至熱河
命賦泉源石壁詩授中書科中書傳
旨曰
上諭汝學問好授汝京官使汝老母喜也又
諭厚耀曰汝嘗言梅瑴成算學甚深今命來京與汝同
修算法瑴成至
上問曰汝知陳厚耀否他算法近日精進向曾受教於
汝祖今汝祖若在尚將就正於彼矣乃
命厚耀瑴成並修書於蒙養齋
賜算法原本算法纂要同文算指嘉量算指幾何原本

周易折中字典西洋儀器金扇松花石硯及瓜菓等克什癸巳書成
特授翰林院編修甲午丁內艱
命賜帑銀着江蘇織造經紀其喪服闋晉國子監司業擢左諭德兼翰林院修撰充戊戌會試同考官巳亥告病以原官致仕所著書有春秋戰國異辭五十六卷孔子家語注左傳分類禮記分類十七史正譌及天文術算諸書又有春秋長術十卷乃左傳分類中一門爲補杜預長術而作共凡有四一曰律證備引漢晉隋唐宋元諸史志及朱戴堉律書諸說以證推步之異又引春

秋屬辭杜預論日月差謬一條爲注疏所無大衍律議
春秋歷考一條亦唐志所未錄尤足以資考證二曰古
術古以十九年爲一章一章之首推合周律正月朔旦
冬至前列算法後以春秋十二公紀年橫列爲四章縱
列十二公積而成表以求律元三曰律編舉春秋二百
四十二年一一推其朔閏及月之大小而以經傳干支
爲證佐皆述杜預之說而考辨之四曰律存以古術推
隱公元年正月庚戌朔杜預長術則爲辛巳朔乃古術
所推之上年十二月朔謂元年之前失一閏以經傳干
支排次知之厚燿則謂如預之說元年至七年中書日

者雖多不失而與二年八月之庚辰三年十二月之庚戌四年二月之戊申又不能合且隱公三年二月己巳朔日食桓公三年七月壬辰朔日食亦皆失之蓋隱公元年以前非失一閏乃多一閏因退一月就之定隱公元年正月爲庚辰朔較長術實退兩月推至僖公五年止以下朔閏一一與杜術相符故不復續載焉蓋厚耀精於律法視預爲密於考證之學尤爲有裨治春秋者不可少此編矣又有春秋世族譜一卷亦左傳分類之一門也卒年七十有五

程晉芳

蕺園程晉芳實不知學其勉行齋
文集中妄言甚多當戴東原在都
時傾服甚至及東原歿則力毀之旨
其蠢子爲詆宋儒之叙其說經皆肌
造故實與時上元程廷祚相伯此記
于漢宋門戶別擇甚嚴而晉芳獨濫
入者由江氏未見其書故也

程晉芳字魚門一字蕺園江都人家山陽饒於貲喜讀書蓄書五萬卷丹黃皆徧性又好客延攬四方名流與袁大令枚趙觀察翼蔣編修士銓爲詩歌唱和無虛日由此名日高而家日替矣累試南北闈不售乾隆二十七年

高宗純皇帝南巡

召試授中書後十年始成進士改主事旋授吏部員外郎與修四庫全書

欽命改翰林院編修君生而頎長美鬚髯酒酣耳熱縱論時事則掀髯大笑少所容貸至於獎掖後進則有譽

無否也不善治生家事皆委之僕人坐此貧不能供饘粥以至責戶剝啄之聲不絕於耳而君伏案著書若無事者然後乞假游西安卒於巡撫畢沅署中君始爲古文詞及官京師與笥河師戴君東原游乃治經究心訓故著有周易知旨尚書今文釋義左傳翼疏禮記集釋勉行齋文集十卷蔵園詩集三十卷

賈田祖

賈田祖字稻孫號禮畊高郵州人廩膳生乾隆四十二年試於泰州病經宿而卒藩亡友汪明經中誌其墓稱田祖好學多所瞻涉喜左氏春秋未嘗去手旁行斜上

蘊案汪氏謂旁行斜上朱墨爛然者蓋言于左氏書中旁行上方記注皆濫非周譜旁行斜上之謂也

朱墨爛然善爲詩所作三千餘篇性明達於釋老神怪陰陽拘忌及宋儒道學無所惑伯兄有錮疾喜怒失中君事之曲得其欲與陽湖洪稚存同里李惇王念孫友善矜立名節猛志疾邪云云蓋力行篤學之士也藩未識其人亦未讀其所著書墓誌云旁行斜上者豈田祖爲春秋之表學歟然明經不輕許人其言可信也

李惇

李惇字成裕一字孝臣高郵州人祖兼五父佩玉皆有篤行君治經通敏尤深於詩及春秋三傳之學晚好歷算得宣城梅氏書盡通其術與同郡劉君台拱王君念

孫汪君中友善力倡古學君內性淳篤恂恂退讓不與
人較然遇友朋患難則尚義有爲至死不變久困諸生
以高第將貢於國學試之前夕執友賈田祖死君不入
試親爲棺斂送歸其家容甫稱其勇於爲義有過賁育
非虛語也乾隆四十四年己亥中式舉人明年成進士
注選知縣襆被南歸不能家食時謝侍郎墉督學江蘇
延之主暨陽書院君口不雌黃人物與世無忤然忌其
學者於侍郎前日貢萋菲之言侍郎輕信讒言竟下逐
客之令君嘗謂人曰容甫恃才傲物宜爲時所嫉予一
生謹厚亦爲世人所忌豈命宮坐箕宿耶後得末疾終

於家年五十一憶昔年君往江陰留宿藩家與君然燭豪飲議論史事君朗誦史文往往達旦明日藩取史文核之一字不誤也藩獲交於君時年少好詆訶古人君從容謂藩曰王子雍有過人之資若不作聖證論攻康成豈非淳儒哉少頃又曰若夫佛氏輪迴因果之說淺人援儒入墨之論不可不辨子車氏所謂正人心息邪說苟不力闢之是無是非之心矣嗚呼自君謝世之後二十餘年藩坎坷日甚而情性益戾不聞規過之言徒增放誕之行可悲也夫君所著有卜筮論尙書古文說金縢大誥康誥三篇毛詩三條辨大功章爛簡文明堂

考辨考工車制考歷代官制考左傳通釋杜氏長歷補說文引書字異考渾天圖說羣經識小讀碎金詩文集藏於家

江德量

江德量字成嘉一字秋史儀徵人父恂字于九號蔗畦拔貢生官至安慶府知府有政聲伯父昱字賓谷號松泉江都諸生讀書好古爲聲音訓詁之學又好碑版文字考核精詳長於詩著有瀟湘聽雨錄二卷韻岐五卷松泉集六卷德量少承家學勵志肄經旣長與同郡汪明經容甫爲文字交其學益進乾隆丁酉選拔貢生已

亥舉人庚子汪如洋榜第二人及第授編修改御史歷
掌浙江江西道德量精於小學收藏碑版法書名畫古
錢著有泉志三十卷又撰廣雅疏未成而卒

汪中

汪中字容甫先世居歙之古唐里曾祖鎬京始遷揚州
遂爲江都人父一元邑增生君生七歲而孤家夙貧母
鄒緝屨以繼饔飧冬夜藉薪而臥旦供爨給以養親力
不能就外傅讀母氏授以小學四子書及長鬻書於市
與書賈處得借閱經史百家於是博綜典籍諳究儒墨
經耳無遺觸目成誦遂爲通人焉年二十李侍郎因培

督學江蘇試射雁賦第一入學爲附生時杭太史世駿主安定書院見君製述深加禮異所作詩文必屬君視草君僑寓眞州沈按察廷芳主樂儀講席聞君議論歎曰吾弗逮也年三十客游於外代州馮觀察廷丞同郡沈太守業富朱學使筠河先生皆招置幕中禮爲上客同時鄭贊善虎文王侍郎蘭泉先生錢少詹竹汀盧學士紹弓竝爲延譽然母老家貧中年乏嗣戚戚少歡歎世人之不知悼賦命之不偶著弔黃祖文弧父之盜頌以寫懷自傷而俗子以爲譏刺當世矣乾隆四十二年丁酉謝侍郎墉督學江蘇選拔貢生每試別置一榜署

名諸生前謂所取士曰若能受學於容甫學當益進也
又曰予之先容甫以爵也以學則北面事之矣容甫以
勞心故病怔忡聞更鼓雞犬聲心怦怦動夜不成寐是
以不與
朝考絕意仕進乾隆五十一年丙午朱文正以侍郎典
試江南思得君爲選首不知君不與試也君感知遇之
恩上書侍郎請執弟子禮侍郎旋奉
命督學浙江君往謁時爲述揚州割據之迹死節之人
作廣陵對三千餘言博徵載籍貫串史事天地間有數
之文也文多不載後畢尚書沅開府湖北君往投之命

作琴臺銘甫脫稿好事者爭寫傳誦其文章爲人所重如此君治經宗漢學謂

國朝諸儒崛起接二千餘年沉淪之緒通儒如顧寧人閻百詩梅定九胡朏明惠定宇戴東原皆繼往開來者亭林始闓其端河洛圖書至胡氏而絀中西推步至梅氏而精力攻古文者閻氏也專治漢易者惠氏也及東原出而集大成焉擬作六儒頌未成好金石碑版嘗從射陽湖項氏墓得漢石闕孔子見老子畫像因署其堂曰問禮君性情伉直不信釋老陰陽神怪之說又不喜宋儒性命之學朱子之外有舉其名者必痛詆之每謂

人曰周禮天神地示人鬼今合而爲一如文昌天神也東嶽地示也先聖先師人鬼也天神地示世俗必求其人以實之豈不大愚乎且言世多淫祀尤爲惑人心害政事見人邀福祠禱者輒詈不休聆者掩耳疾走而君益自喜於時流不輕許可有盛名於世者必肆譏彈人或規之則曰吾所詈者皆非不知古今者惟恐莠亂苗爾若方苞袁枚輩豈屑屑詈之哉然錢少詹事竹汀程教授易疇王觀察懷祖孔檢討衆仲劉訓導端臨李進士孝臣諸君子或以師事之或以友事之終身稱道弗衰焉事母至孝家無儋石儲而參朮之進滫瀡之奉嘗

稱貸以供母疾篤侍疾晝夜不寢滌牏之事不任僕婢無愁苦之容有孺子之慕吁可謂孝矣生平篤師友之誼一飯之恩終身不忘也君中年輯三代學制及文字訓詁制度名物有係於學者分別部居爲述學一書屬稿未成後乃以撰著之文分爲述學內外篇刊行之又采揚州故實始春秋至楊吳作廣陵通典藏於家君一生坎軻不遇至晚年有鹺使全德耳其名延君鑒別書畫爲君謀生計藉此稍能自給而鹺使素不以學問名嗟夫當世士大夫自命宏獎風流者皆重君之學而不能周其困乏於以知世之好眞龍者鮮矣乾隆五十九

年因校勘
文宗閣四庫全書往浙江借書讎對卒於西湖之葛嶺
園僧舍盧學士抱經鮑丈以文梁君玉繩經紀其喪以
歸卒年五十一子喜孫字孟慈嘉慶丁卯科舉人能讀
父書長於考據傳其學藩弱冠時卽與君定交日相過
從嘗謂藩曰子於學無所不窺而獨不能明九章之術
近日患怔忡一構思則君火動而頭目暈眩矣子年富
力强何不爲此絕學以梅氏書見贈藩知志位布策皆
君之教也君少喜爲詩不爲徘徊光景之作尤善屬文
士苴韓歐以漢魏六朝爲則藩最重君文酷愛其自序

一首今錄於左文曰昔劉孝標自序生平以爲比迹敬通三同四異後世誦其言而悲之嘗綜平原之遺軌喻我生之靡樂異同之故猶可言焉夫亮節慷慨率性而行博極羣書文藻秀出斯惟天至非由人力雖情符曩哲未足多矜余元髮未艾野性難馴麋鹿同遊不嫌擯斥商瞿生子一經可遺凡此四科無勞舉例孝標嬰年失恃藐是流離托足桑門棲尋劉寶余幼罹窮罰多能鄙事賃舂牧豕一飽無時此一同也孝標悍妻在室家道轗軻余受詐與公勃谿累歲里煩言於乞火家搆衅於蒸黎蹀躞東西終成溝水此二同也孝標自少至長

戚戚無懽余久歷艱屯生人道盡春朝秋夕登山臨水極目傷心非悲則恨此三同也孝標夙嬰羸疾慮損天年余藥裹關心負薪永曠鰥魚嗟其不暝桐枝惟餘半生鬼伯在門四序非我此四同也孝標生自將家期功以上參朝列者十有餘人兄典方州餘光在壁余衰宗零替顧景無儔白屋藜羹饘而不祭此一異也孝標倦遊梁楚兩事英王作賦章華之宮置酒睢陽之苑白璧黃金尊為上客雖車耳未生而長裾屢曳余聲筆傭書倡優同畜百里之長再命之士苟苴禮絕問訊不逼此二異也孝標高蹈東陽端居遺世鴻冥蟬蛻物外天全

余卑栖塵俗降志辱身乞食餓鴟之餘寄命東陵之上生重義輕望實交隕此三異也孝標身淪道顯藉甚當時高齋學士之選安成類苑之編國門可縣都人爭寫余著書五車數窮覆瓿長卿恨不同時子雲見知後世昔聞其語今無其事此四異也孝標履道貞吉不干世議余天讒司命赤口燒城笑齒嘑顔盡成辠狀跬步才蹈荊棘已生此五異也嗟乎敬通窮矣孝標比之則加酷焉余於孝標抑又不逮是知九淵之下尚有天衢秋荼之甘或云如薺我辰安在寔命不同勞者自歌非求傾聽目瞑意倦聊復書之藩自續家難後十口之家無

一金之産跡類浮屠鉢盂求食睥睨紈袴儒冠誤身門
衰祚薄養姪爲兒耳熱酒酣長歌當哭嗟乎劉子之遇
酷於敬通容甫之阨甚於孝標以藩較之豈知九淵之
下尚有重泉食荼之甘勝於嘗膽者哉

顧九苞　顧鳳毛

顧九苞字文子興化人博聞强記長於毛詩三禮母任
子田之祖姑通經達史文子之學母教之也文子乾隆
四十六年辛丑成進士未幾卒子鳳毛字超宗號小謝
亦受經於祖母年十一通五經著有毛詩集解董子求
雨考楚詞韻考入聲韻考乾隆四十九年甲辰

高宗純皇帝南巡

召試

欽取二等後中戊申科副榜卒年二十七

劉台拱

劉台拱字端臨先世自蘇州遷居寶應父世謩官靖江縣訓導君生而岐嶷不好弄就塾讀書不離几席九歲作顔子頌斐然成章觀者稱爲神童年十六爲邑庠生二十一中乾隆三十五年辛卯科舉人屢試禮部不第銓授丹徒縣訓導君少失恃事繼母鍾如母丹徒去寶應三百里每年必迎二親至學署奉養無缺得親歡心

體夙清羸疊遭大故飯疏食淡哀毀過情臥病不起卒年五十有五君六世祖永澄問學於蕺山以躬行實踐爲主子孫世傳其學至君又習聞王弓中朱止泉之緒論深研程朱之行以聖賢之道自繩然與人游處未嘗一字及道學也君學問淹通尤邃於經解經專主訓詁一本漢學不雜以宋儒之說著有論語駢枝一卷荀子補註一卷漢學拾遺一卷經傳小記三卷古文集一卷君勤於讀書嬾於著述不似今人鹵莽成書動輒盈尺也

鍾裹

鍾裒字保其一字葭崖甘泉人與阮侍郎元焦孝廉循相善共爲經學旦夕討論務求於是君淡然無欲以讀書爲樂生平篤實敦善行交游中稱爲君子嘗撰漢儒考較陸元朗所載增多十餘人又有祭法考諸書舉優貢生卒阮侍郎爲刻考古錄四卷

徐復

徐復字心仲江都人本農家子所居南鄉乃互鄉也有子弟讀書者必羣起譁之心仲少孤喜讀書其兄使之牧乃棄牛而逃至郡西僧寺中爲僧供灑掃之役以餬口暇則誦讀恒達旦不寢一日焦孝廉循憩寺中見其

所誦之五經及所作制義大奇之爲之延譽於是爲鄉塾童子師未幾補諸生遂從事於經史之學甲寅省試與友人江都黃君承吉同寓黃君詰以九章算法不能答以爲恥典衣購算書歸時君攜婦入城與藩所賃之屋衡宇相望薄暮時卽執算書一册來相質問未及一年弧三角之正弧垂弧次形矢較諸法皆能言其所以然矣後得虛損疾危篤時猶手執北齊書與友人講論語未畢而逝著有論語疏證藩爲之序君沒後無子婦歸南鄉其兄嚮爲士豪妻而婦不知也詎以上冢賺至豪家婦怨舉止異常行狀聲音宛如心仲指豪大呼曰

汝何人敢買我妻爲妾乎婦遂仆地其兄遁去俄頃婦醒遽入廚取廚刀自刎死其兄至今無恙也先世有良田百畝其兄惡心仲不務農而讀書疾之如仇乃避兄居城中不食兄之粟其死也能爲厲以全妻之節而不禍其兄豈不欲傷手足之情歟嗚呼君生不能叨一第之榮而身罹六極之備天之困通人若此之酷耶其兄之所爲天實爲之也

汪光爔

汪光爔字晉蕃號芝泉儀徵縣廩膳生其先人韓懷部郎諱棣與惠徵君松崖戴編修東原及王蘭泉先生王

光祿西沚錢詹事竹汀爲莫逆交晉藩少承庭訓習聞諸老宿名論乃潛志讀書博通經史嘗著荑稗釋一篇其說曰孟子五穀章不如荑稗趙注云五穀雖美種之不成則不如荑稗之草其實可食按荑之說凡五說文荑草名也爾雅莁荑蔱蘠注云一名白蕫玉篇荑茅始生又荑采也莁荑也廣韻荑秀詩靜女章自牧歸荑傳云荑茅之始生碩人章手如柔荑傳云如荑之新生是也稗之說凡三說文稗禾別也釋文引字林云禾別名玉篇稗秕也廣韻稗稻也又稗草似穀戴侗六書故稗葉純似稻節間無毛實似賁害稼後漢書光武紀建武

三十一年陳留雨穀形如稗實李賢引左傳杜注云草之似穀者是也但荑稗之荑當爲蕛而非荑按說文蕛苵也爾雅蕛苵註云蕛似稗布地生穢草則蕛之狀可識莊子秋水篇蕛米之在太倉又云知天地之爲稊米也釋文引司馬云稊米小米也李云稊草也則蕛之實可考孟子言五穀不熟而比以蕛稗者取其類也且莊子知北游又云道在蕛稗釋文作苐薜李云二草名又云本又作稊稗然爾雅釋文云蕛又作稊引莊子云道在稊稗是也則蕛稗或作稊稗或作苐薜斷不作荑稗是蕛苵之蕛不得竝荑之荑明矣說文禾部無稊字或

缺耳稗爲禾別者以其形似禾而別於禾徐曰似禾而別是也玉篇誤以爲秕說文秕不成粟也稗無秕訓秕亦無稗訓以稗爲秕者乃俗解非古訓也廣韻又誤以爲稻說文稻稌也亦無稗訓唯其異於稻所以有禾別之名若稻則何別矣或疑易大過枯楊生稊李氏易傳引虞翻易注云稊穉也楊葉未舒則字本作稊釋文引鄭氏易注云枯謂无姑山榆荑木更生山榆實則字又作荑是稊荑二字似可通非也按詩七月章猗彼女桑傳云女桑荑桑也疏云取周易枯楊生荑之義亦作荑而不作稊可見凡木更生皆爲荑則大戴禮夏小正柳

稊亦當作柳荑而不作柳稊矣生荑之荑不得誤爲稊則稊稗之稊亦不得訛爲荑但篆文二字相近或傳寫之錯耳又辨惠氏易爻辰圖之謬于服其精深文多不載晉蕃夙患哮疾羸瘦骨立丁卯秋八月應省試歸病復作遂卒年四十有三病中尚手批大戴禮文選不置云

李鍾泗

李鍾泗字濱石其先阜寧人父世璉賣卜揚州市遂居甘泉濱石讀書性善記人所作文一覽即能闇誦治經深於左氏春秋擬規規過一書抑劉伸杜焦孝廉循稱

其書精妙詳博而藩未之見也濱石少孤從黃大令洙讀四子書黃君愛其聰穎忽棄而學賈一日誤碎肆中玻璃缸賈者責之濱石大哭黃君適過之曰所碎之器我償汝值賈者遜謝乃攜濱石歸謂其母曰此子能讀不能賈而使之賈何哉母曰家貧不能供脩脯黃君曰第從我讀何脩脯爲一年之後補邑庠生文名大著嘉慶六年辛酉舉於鄉其學益進嘗從藩問喪禮往覆問難發人所未發赴禮部試不第歿於京師

凌廷堪

凌廷堪字次仲一字仲子歙人也父文焻字燦然自歙

遷於海州之板浦場遂家焉君十二歲卽棄書學賈偶
在友人家見詞綜唐詩別裁集攜歸就燈下讀遂能詩
及長短句浙人張賓鶴見其詩詞大奇之告之板浦場
大使湯某某敬禮之邀君至揚州是時鹺使置詞曲館
檢校詞曲中之字句違礙者從事讎校得修脯以自給
君之精於南北曲而能分別宮調者基於此也久客邗
江爲華氏贅壻與黃明經文暘交明經勉君爲舉子業
始學作八股文讀五經是時年已二十五矣後游京師
受業於翁覃谿學士乃究心經史之學乾隆戊申順天
副榜貢生己酉中式本省舉人庚戌成進士銓授寧國

府教授迎生母王至學署先意承志得親歡心母偶不懌必長跪以請俟母笑乃起母沒哀毁骨立眚一目而妻亦相繼殂謝孑然一身居恒不樂至徽州依程君麗仲麗仲以師禮事之阮侍郎芸臺服闋復爲浙江巡撫延之課子得末疾終於歙君病時麗仲贈以紫團手煎湯藥其死也經紀其喪擬之古人其范巨卿之流歟君無子應繼兄子嘉錦嘉錦先君卒嘉錦兄嘉錫在海州聞訃以次子名德後嘉錦爲君之承重孫君讀書破萬卷肆經邃於士禮披文摘句尋例析辭聞者冰釋至於聲音訓詁九章八綫皆造其極而抉其奥於史則無史

不習大事本末名臣行業談論時若瓶瀉水纖悉不誤地理沿革官制變置元史姓氏有詰之者從容應答如數家珍焉近時講學者喜講六書孜孜於一字一音苟問以三代制度五禮大端則茫然矣至於潛心讀史之人更不能多得也先進之中惟錢竹汀邵二雲兩先生友朋中則李君孝臣汪君容甫及君三人而已其於詩也不分唐宋門戶專論聲韻之協對偶之工詩餘亦不主一家而嚴於律令人之詞有一字不合者必指摘之雅善屬文尤工駢體得漢魏之醇粹有六朝之流美在胡稺威孔顨軒之上而世人不知也弟子中最著者儀

徵阮君常生字壽昌一字小芸從君受士禮校刋禮經釋例十三卷小芸好學深思不以才地矜物恂恂君子也宣城張君其錦字裴伯廩膳生精研章句不墮師承聞君沒徒步至歙訪君遺書無所得又北走海州於敗篋中攟拾殘稿假居僧寺輯錄以歸得燕樂考原六卷元遺山年譜二卷充渠新書二卷校禮堂文集三十六卷詩集十四卷梅邊吹笛譜二卷將謀剞劂可謂不負師門矣嗟乎君冷宦無家白頭乏嗣雖死故鄉實同旅殯亦生人之極哀也已然而懷方之禮付於戚生昌黎之文編傾李漢斯又不幸中之幸也君久客揚州如劉

君端臨汪君容甫諸君子以及宋君守端秦君敦夫焦君理堂阮君伯元楊君貞吉黃君春谷皆君之友也援甯公之例記於郡人之末云守端名綿初高郵州人乾隆丁酉拔萃科選儒學訓導邃深經籍尤長於詩著有韓詩內傳徵四卷子保字定之廩膳生候選訓導精於聲音訓詁之學敦夫名恩復一字澹生江都人乾隆癸卯舉人丁未進士授編修讀書好古所居五笥仙館藏書萬卷以校讎爲事丹鉛不去手校刊陶宏景鬼谷子注盧重元列子注隸韻諸書見人謙益不自滿亦絕口不談學問是以世無知者理堂名循一字里堂江都人

家黃子湖嘉慶辛酉舉人聲音訓詁天文歷算無所不精淡於仕進閉戶著書五經皆有撰述刊行者羣經宮室圖考理堂算學北湖小志伯元名元一字芸臺儀徵人乾隆丙午舉人己酉進士授編修官至浙江巡撫今官詹事府少詹事於學無所不通著有考工車制考石經校勘記十三經注疏校勘記曾子注論語論仁論疇人傳等書貞吉名大壯一字竹廬甘泉人昭武將軍之裔也以世襲起家官至安徽參將病廢回籍日讀古經注疏尤精於歷算律呂之學春谷名承吉字謙牧江都人嘉慶戊午科解元乙丑成進士以知縣用分發廣西

補興安縣知縣令罷官歸天資過人爲漢儒之學篤志研究得其精微通歷算能辨中西之異同又工詩古文自出機杼空無依傍寓神明於規矩之中不屑爲世俗之詩文者也又有儀徵許珩者字楚生能詩讀周官經時有所得著周禮獻疑七卷能疑所當疑不疑所不當疑亦近時有心之士也

國朝漢學師承記卷七

國朝漢學師承記卷八

甘泉江　藩纂

黃宗羲

黃宗羲字太沖餘姚人忠端公尊素之長子也生而岐嶷垂髫讀書不事舉業年十四補博士弟子員時魏忠賢弄國柄戕害清流忠端遭羅織死詔獄有覆巢毀卵之虞宗羲奉養王父及母以孝聞讀書畢夜分伏枕嗚嗚哭不敢令堂上知也思宗即位攜鐵錐草疏入京訟冤至則逆奄已死有詔卹死奄難者贈官三品予祭葬蔭一子乃詣闕謝恩疏請誅曹欽程李實蓋忠端削籍

乃欽程奉奄旨論劾而李實則成丙寅黨禍之首者也得旨刑部作速究問崇禎元年五月會訊許顯純崔應元對簿時出所袖錐錐顯純流血滿體顯純自訴爲孝定皇后外甥律有議親之條請從末減宗羲謂顯純與逆奄搆難忠良盡死其手幾覆宗社當與謀逆同科以謀逆論雖如親王高煦尚不免誅況后之外親乎卒論二人斬時欽程已入逆案而李實辨原疏非實所作乃逆奄取其印信空本塡寫故墨在硃上又陰致宗羲三千金求勿質宗羲卽奏稱李實今日猶能公行賄賂其辨詞豈足信哉於對簿時亦以錐錐之然丙寅之禍實

由空本墳寫得減死獄成偕同難子弟設祭於詔獄中門哭聲如雷聞於禁中思宗歎曰忠臣孤子朕心爲之惻然宗羲與吳江周延祚光山夏承錐牢子葉咨顏文仲應時而斃二人乃斃諸君子於獄中者思宗憫其忠孝不之罪也宗羲在京師歐應元胸拔其鬚歸焚而祭之忠端木主前乃治葬事父冤既白之後日夕讀書十三經二十一史及百家九流天文歷算道藏佛藏靡不究心焉忠端遺命以蕺山劉忠正公宗周爲師乃從之游又約吳越中嚮學者六十餘人共侍講席力排陶奭齡援儒入釋之邪說弟宗炎字晦木宗會字澤望並負

異才宗羲親教之皆成儒者崇禎中復用涓人逆黨咸冀錄用而在廷諸臣或薦霍維華呂純如或請復涿州冠帶至陽羨出山特起馬士英爲鳳督士英以阮大鋮爲援奄黨又熾卽東林中如錢謙益以退閒日久亦相附和矣獨南都太學諸生仍持清議乃以大鋮觀望南中必生他變作南都防亂揭文宜興陳貞慧寧國沈壽民貴池吳應箕蕪湖沈士柱共議署名東林子弟首推無錫顧文端公之孫杲被難諸家推宗羲縉紳則推周儀部鑣大鋮啣之壬午入京陽羨欲薦宗羲爲中書舍人力辭不就遂南歸甲申之難福王立國大鋮驟起遂

按揭一百四十人欲盡殺之時宗羲憂國勢難支之南
都上書而禍作同邑有奄黨者糾劉忠正公及三弟子
三弟子者都御史祁彪佳給事中章正宸與宗羲也遂
與杲並逮駕帖未出而
大兵至得免南都歸
命跟蹌回浙東時忠正已死節魯王監國孫嘉績熊汝
霖以一旅之師畫江而守宗羲糾黄竹浦子弟數百人
隨諸軍江上人呼之曰世忠營黄竹浦者宗羲所居之
鄉也宗羲請如唐李泌故事以布衣參軍不許授職方
司員外尋以柯夏卿孫嘉績等交章論薦改監察御史

仍兼職方司事總兵陳梧自嘉興之乍浦浮海至餘姚縱兵大掠王職方正中行縣事集兵民擊殺之梧兵大噪有欲罷正中官以安諸營者宗羲曰乘亂以濟私致干衆怒是賊也正中守土爲國保民何罪之有監國從之是年作監國魯元年大統歷頒之浙東馬士英南中脫走在方國安營欲入朝朝臣皆言宜誅之熊汝霖恐其挾國安爲患曰非殺士英時也使其立功自贖宗羲曰公力不能殺耳春秋之孔子豈能加兵於陳恒但不得謂其不當殺也汝霖大慚謝過焉遺書總兵王之仁曰諸公何不沉舟決戰由赭山直趨浙西而日於江中

放船伐鼓意在自守也蕞爾三府以供十萬之衆豈能
久守乎總兵張國柱之浮海至也諸軍大驚廷議欲封
以伯宗羲言於嘉績曰若封以伯則國柱益横且何以
待後來有功者請署爲將軍從其請又力請西進之策
孫嘉績以所部卒盡付之與王正中合軍得三千人正
中之仁從子也以忠義自奮宗羲深結之使之仁不以
私意撓軍事故諸軍與之仁有隙不能支餉皆而宗羲
軍獨不乏食查職方繼佐軍亂披髮夜走投宗羲拜於
牀下宗羲出撫其衆遂同繼佐西行渡海駐潭山烽火
遍浙西太僕寺卿陳潛夫以軍同行尚寶司卿朱大定

兵部主事吳乃武皆來會師議由海寧以取海鹽因入
太湖招吳中豪傑百里之內牛酒日至直抵乍浦約崇
德孫奭爲內應會
大兵已戒嚴不得前復議再舉而王正中軍潰於江上
宗義走入四明結山寨自固殘兵從至者五百餘人駐
軍杖錫寺微服潛出欲訪監國消息爲扈從計戒部下
無妄動部下不遵節制擾山中民民潛焚其寨部將茅
翰汪涵死之已丑聞監國在海上乃與都御史方端士
赴之晉左僉都御史再晉左副都御史時方發使拜山
寨諸營官宗羲言諸營之强莫如王翊乃心王室者亦

莫如翊宜優其爵使之總諸營以捍海上朝臣皆以爲然俄而
大兵圍健跳城中危甚會蕩湖救至得免時熊汝霖劉中藻錢肅樂皆死宗羲失兵無援與尚書吳鍾巒坐舡中講學推算歐羅巴歷法而已宗羲之從亡也母氏尚居故里
章皇帝下
詔凡前明遺孽不順命者錄其家口以
聞宗羲聞之恐母氏罹罪陳情監國得請變姓名歸鍾巒棹三板舡送三十里外哭別於波濤中是年監國由

健跳至翁州復召宗羲副馮京第乞師日本之長埼島不得請宗羲賦式微之章以感將士乃回甬上是時大帥治浙東凡得名籍與海上有涉者即行翦除宗羲雖杜門息景然位在列卿而江湖俠士多來投止馮侍郎京第結寨杜嶴即宗羲舊部大帥習聞其事宗羲名與馮侍郎並懸通衢有上變於大帥者首列宗羲名捕者益急宗羲竄匿草莽東徙西遷屢瀕於危然猶挾帛書招婺中鎮將遣使入海告警令爲之備而不克弟宗炎與京第交通有狀被獲刑有日矣宗羲潛至鄞以計脫之慈水寨主沈爾緒難作牽連宗羲大帥遣人四出搜

捕乃挈眷屬伏處海隅草間苟活迨海氛靖後
聖祖仁皇帝如天之仁不復根追勝國從亡諸人宗羲
始奉母返里門復舉蕺山證人書院之會從之講學者
數百人嘗謂明人講學襲語錄之糟粕不以六經爲根
柢束書不讀但從事於游談學者必先窮經經術所以
經世乃不爲迂儒又謂讀書不多無以證斯理之變讀
書多而不求於心則又爲僞儒矣故受其教者不墮講
學之弊不爲障霧之言其學盛行於東南當時有南姚
江西二曲之稱二曲者李中孚也康熙戊午
詔徵博學鴻儒掌院學士葉方藹先以詩寄宗羲慫恿

之宗羲次韻答以不出之意方藹商於宗羲門人陳庶常錫嘏對曰是將迫先生爲謝疊山矣其事遂寢未幾有

詔命葉方藹與同院學士徐元文監修明史宗羲爲世家子弟家有十三朝實錄復嫻於掌故方藹與元文又薦宗羲乃與前大理寺評事興化李清同徵

詔督撫以禮敦遣宗羲以母老及老病辭方藹知不可致乃請

詔下浙江巡撫就家鈔所著書有關史事者付史館元文又延宗羲子百家及鄞處士萬斯同參訂史事斯同

宗羲之弟子宗羲戲答元文書曰昔聞首陽山二老托孤於尚父遂得三年食薇顏色不壞今吾遣子從公可以置我矣宗羲之學出於蕺山雖姚江之派然以愼獨爲宗實踐爲主不恣言心性墮入禪門乃姚江之諍子也又以南宋以後講學家空談性命不論訓詁教學者說經則宗漢儒立身則宗宋學又謂昔賢闢佛不檢佛書但肆謾罵譬如用兵不深入其險不能勦絶鯨鯢也乃閱佛藏深明其說所以力排佛氏皆能中其窾要國難時遺老以衣鉢晦迹者久之或嗣法上堂宗羲曰是不甘爲異姓之臣反爲異氏之子弟宗會晚年好佛爲

之反覆辨論極言其不可蓋於異端之說雖有托而逃者亦不容少寬假焉宗羲性耿直於友朋中多不少可周囊雲一人之外皆有微辭在南都時見歸德侯朝宗每宴以妓侑酒宗羲曰朝宗之尊人尚在獄中而放誕如此乎吾輩不言是損友也或曰侯生性不耐寂寞曰夫人而不耐寂寞則亦何所不至耶時人皆歎爲至論及選明文或謂當黜方域文宗羲曰姚孝錫嘗仕金元遺山終置之南冠之列不以爲金人者原其心也夫朝宗亦若是矣乃知其論人嚴亦未嘗不恕也平生勤於著述年逾八十尚矻矻不休所著有明儒學案六十二

卷宋儒學案元儒學案易學象數論六卷辨河洛方位
圖說之非授書隨筆一卷則閻若璩問尚書而答之者
春秋日食歷一卷律呂新義二卷少時取餘姚竹管肉
孔勻者截爲管而吹之知十二律之四清聲乃著是書
孟子師說四卷因蕺山有論語大學中庸諸解獨無孟
子以舊聞於蕺山之說集爲一書故名師說明史案二
百四十四卷宏光紀年一卷龍武紀年一卷永歷紀年
一卷魯紀年一卷贛州失事記一卷紹武事紀一卷四
明山寨記一卷海外痛哭記一卷日本乞師記一卷舟
山興廢一卷沙定洲記亂一卷賜姓本末一卷汰存錄

錄一卷糾夏考功孛存錄也授時歷故一卷大統歷推一卷授時歷假如一卷西歷假如一卷回歷假如一卷氣運算法勾股圖說開方命算測圓要諸書又有今水經四明山志台嶽紀游匡廬游錄病榻隨筆明文海四百八十二卷與十五朝國史可互相參正續宋文鑑元文抄以補呂蘇二家之缺思舊錄姚江瑣事姚江文畧姚江逸詩自著年譜明夷待訪錄二卷南雷文案十卷外集一卷吾悔集四卷撰杖集四卷蜀山集四卷詩歷四卷又分爲南雷文定南雷文約合之得四十卷明夷留書一卷言王佐之畧崑山顧絳見而歎曰三代之治

可復也又欲修宋史而未成僅存叢目補遺三卷宗羲以古文自命有志於明史雖未預修史而史局遇有大事疑事必咨之其論古文曰唐以前句短唐以後句長唐以前字華唐以後字質唐以前如高山深谷唐以後如平原曠野自唐以後爲文之一大變然而文章之美惡不與焉其所變者詞而已所不可變者雖千古如一日也此論足以掃近人規橅字句之陋習矣晚年愛謝皋羽晞髮集注冬青樹引西臺慟哭記蓋悲皋羽之身世蒼涼亦以自傷歟康熙戊辰冬營生壙於忠端墓側中置石牀不用棺槨子弟疑之作葬制或問一篇援趙

邠卿之例毋得違命自以身遭國難期於速朽不欲顯言也卒之日遺命一被一褥卽以所服角巾深衣斂遂不棺而葬卒年八十有六門生私謚曰文孝學者稱爲南雷先生云

顧炎武

顧炎武本名絳乙酉改名炎武字寧人學者稱爲亭林先生顧氏爲江東望族五代時由吳郡徙徐州南宋時遷海門已而復歸吳下遂爲崑山人其先世在明正德間有工科給事中廣東按察使司僉事溱溱之弟濟刑科給事中濟生兵部侍郎廣志侍郎生左贊善紹芳及

國子生紹芾紹芳生官廕生同應同應之仲子卽炎武也紹芾生同吉早卒聘王氏未婚守節以炎武爲之後炎武生而雙瞳子中白邊黑見者異之讀書一目十行性耿介絕不與世人交獨與里中歸莊善同游復社相傳有歸奇顧怪之目母王養炎武於襁褓中撫育守節事姑孝曾斷指療姑疾崇禎九年直指王一鶚請旌於朝報可乙酉之夏母王年六十避兵常熟謂炎武曰我雖婦人然受國恩矣設有大故必死是時炎武方應崑山令楊永言之辟與嘉定諸生吳其沆歸莊共起兵奉故鄖撫王永祚以從夏文忠公於吳江東授炎武兵部

司務事不克承言遁去其沆死之炎武與莊脫走母王氏不食卒遺言後人勿事二姓次年閩中使至以職方郎召炎武念母氏未葬辭不赴次年幾豫吳勝兆之禍葬事畢將之海上道梗不前庚寅有怨家欲陷之僞作商賈由嘉禾竄京口遂之金陵謁孝陵變姓名爲蔣山傭甲午僑居神烈山下遍遊沿江一帶以觀山川之勝有三世僕陸恩見炎武久不歸投身里豪家炎武回謁孝陵回持之甚急恩欲告炎武通海乃亟禽之數其罪沉之水恩之婿某復投里豪謀報怨以千金賄太守告炎武通海不繫之訟曹而繫之奴家甚危急有爲求救

於錢謙益謙益欲炎武自稱門下而後許之其人知不可而恐失事機乃私書一刺與之炎武聞之急索刺還不得列揭文於通衢以自白謙益聞之曰寧人何其卞也時有路舍人澤溥者故相文貞公振飛之子寓洞庭東山識兵備使者爲之愬冤其事遂解乃五謁孝陵遂北行墾田於章邱長白山下戊戌遍游北都謁長陵以下圖而記之次年再謁十三陵而念江南山水有未游者復歸六謁孝陵東游至會稽次年復北謁思陵攢宮由太原大同以入關又北走至榆林康熙甲辰與李因篤同謁攢宮爲文以祭往代州墾田每言馬伏波田疇

皆從塞上立業欲居代北曰使吾澤中有牛羊千則江南不足懷矣然又苦其地寒但經其始使門人掌之丁未之淮上次年取道山東入京師萊黃培之奴姜元衡告其主詩詞悖逆案多株連又以吳人陳濟生所輯忠節錄指爲炎武作炎武聞之馳赴山左自請繫勘李因篤爲告急於有力者親往歷下解之獄釋復入京師五謁思陵從此策馬往來河北諸邊塞者十餘年丁巳六謁思陵後始卜居華陰嘗謂人曰徧觀四方惟秦人慕經學重處士持清議而華陰綰轂關河之口雖足不出戶而能見天下之人聞天下之事一旦有警入山守險

不十里之遙若志在四方一出關門亦有建瓴之勢乃定居焉王徵君山史築齋延之炎武置田五十畝於華下供晨夕又餌沙苑蒺藜而甘之曰啖此久不肉不茗可也蓋以蒺藜苗佐餐以子待茗故有此語

朝廷開明史館大學士孝感熊公錫履主館事以書招炎武答曰願以一死謝公戊午詞科

詔下諸公爭欲致之炎武作書與門人之在京師者曰刀繩具在無速我死次年大修明史諸公又欲薦之乃貽書葉學士訒庵請以身殉得免或曰先生盍亦聽人一薦薦而不出其名愈高矣笑曰此所謂釣名者也今

夫婦人之失所天也從一而終之死靡慝其心豈欲見
知於人若曰盍亦令人强委禽焉而力拒之以明吾節
則吾未之聞矣崑山相國元文弟兄炎武之甥也尚書
乾學未遇時炎武振其困乏至是一門鼎貴以書迎之
南歸爲買田置宅拒而不往或叩之答曰昔歲孤生飄
搖風雨今茲親串崛起雲霄思歸尼父之轅恐近伯鸞
之竈且猶吾大夫未見君子徘徊渭川以畢餘年足矣
庚申其妻沒於家寄詩輓之而已次年卒於華陰年六
十有九無子自立從子衍生爲後門人奉喪歸葬高弟
子吳江潘耒收其遺書序而傳之撰述之書有左傳杜

解補正三卷音論三卷詩本音十卷易音三卷唐韻正二十卷古音表二卷韻補正一卷營平二州地名記一卷求古錄一卷金石文字記六卷石經考一卷日知錄三十卷天下郡國利病書及肇域志二書未成炎武留心經世之術游歷所至以二馬二騾載書自隨至西北阨塞東南海陬必呼老兵退卒詢其曲折與平日所聞不合卽發書檢勘其所著天下郡國利病書聚天下圖經歷朝史籍以及小說筆記明十三朝實錄公移邸報之類有關於朝政民生者酌古通今旁推互證不爲空談期於致用肇域志則專論山川要阨邊防戰守之事

蓋炎武周流西北垂三十年邊塞亭障皆經目擊故能言之了了也晚年篤志六經精研深究居華陰有請講學者謝曰近日二曲以講學得名遂招逼迫幾致凶死雖曰威武不屈然而名之爲累則巳甚矣況東林覆轍有進於此者乎有求文者告之曰文不關於經術政事者不足爲也韓文公起八代之衰若但作原道諫佛骨表平淮西碑張中丞傳後敘而一切諛墓之文不作豈不誠山斗乎在關中論學曰諸君關學之餘也橫渠藍田之敎以禮爲先孔子嘗言博我以文約之以禮而劉康公亦云民受天地之中以生所謂命也是以有動作

禮義威儀之則以定命然則君子爲學舍禮何由近來講學之師專以聚徒立幟爲心而其教不肅方將賦茅鴟之不暇何問其餘哉炎武生性兀傲不諧於世身本南人好居北土嘗謂人曰性不能舟行食稻而喜餐麥跨鞍又謂北方之人飽食終日無所用心南方之人羣居終日言不及義好行小慧時人謂其評論切中南北學者之病嘗至京師東海兩學士延之夜飲怒曰古人飲酒卜晝不卜夜世間惟淫奔納賄二者皆夜行之豈有正人君子而夜行者乎其狷介嫉俗如此於同時諸君子雖以苦節推百泉二曲以經世之學推黎洲至於

論經評史亦不苟同也

節甫曰記成之後客有問於予曰有明一代囿於性理汩於制義無一人知讀古經注疏者自黎洲起而振其頹波亭林繼之於是承學之士知習古經義矣所以閻百詩胡朏明諸君子皆推挹南雷崑山令子不爲之傳豈非數典而忘其祖歟予曰黎洲乃蕺山之學矯良知之弊以實踐爲主亭林乃文清之裔辨陸王之非以朱子爲宗故兩家之學皆深入宋儒之室但以漢學爲不可廢耳多騎牆之見依違之言豈眞知灼見者哉客曰二君以瓌異之質負經世之才思見用於當世垂勳名

於來葉讀書論道重在大端疎於末節豈若抱殘守缺之俗儒尋章摘句之世士也哉然黃氏闢圖書之謬知尙書古文之僞顧氏審古韻之微補左傳杜注之遺能爲舉世不爲之時謂非豪傑之士耶

國朝諸儒究六經奧旨與兩漢同風二君實啟之萊瓜祭飲食之人芹藻釋瞽宗之奠乃木本水源之意也況若璩四書釋地曲護紫陽朏明洪範正論直譏劉向於此則從寬假之條於彼則嚴踰閑之辨非有心軒輊者乎予曰甲申乙酉之變二君策名於波浪礪灘之上竄身於榛莽窮谷之中不順天命強挽人心發蛙黽之怒

奮螳螂之臂以烏合之衆當
王者之師未有不敗者矣逮夫故土焦原橫流毒浪之
後尚自負東林之黨人猶效西臺之慟哭雖前朝之遺
老實周室之頑民當名編熏胥之條豈能入儒林之傳
哉客曰固哉子之說也我
祖宗參化育之功體生成之德不但不加以誅戮抑且
招之使來所以突圍猛獸得以遁跡山林漏網長鯨亦
復呴濡江海此伊古以來未有之寬仁厚澤也我
高宗純皇帝御批通鑑輯覽乙酉一年不黜留都位號
唐桂二主併爲竊據續編卽

欽定明史亦仿宋史甲戌乙亥之例大書而特書矣是以祁彪佳熊開元皆有列傳核二君事蹟祁熊之流也今子不尊
聖人至公之心而爲拘牵之論何所見之不廣耶予曰噫吾過矣退而輯二君事實爲書一卷附於册後

國朝漢學師承記卷八

跋

古者國家有巡守封禪朝聘燕饗明堂宗廟辟雍之儀天子廣集衆儒講議典禮損益古今之宜推所學以合於世用根底六經憲章四代先王制作之精義可攷而知焉自後儒以讀書爲翫物喪志義理典章區而爲二度數文爲棄若弁髦箋傳注疏束之高閣又其甚者肆其創獲之見著爲一家之言綴王肅之卮詞棄鄭君之奥論末學膚受後世滋惑經學浸微蓋七百年矣

國朝漢學昌明超軼前古閻百詩駁僞孔梅定九定歷算胡朏明辨易圖惠定宇述漢易戴東原集諸儒之大

成裒然著述顯於當代顓門之學於斯爲盛至若經史詞章金石之學貫穿勃穴靡不通擅則顧寧人導之於前錢曉徵及先君子繼之於後可謂千古一時也若夫矯誣之學震驚耳目舉世沿習罔識其非如汪鈍翁私造典故其他古文詞支離牴牾體例破壞方靈皐以時文爲古文三禮之學等之自鄶以下毛西河肆意譏彈譬如秦楚之無道王白田根據漢宋比諸春秋之調人惡莠亂苗似是而非自非大儒孰有能辨之者吾鄉江先生博覽羣籍通知作者之意聞見日廣義據斯嚴彙論經生授受之恉輯爲漢學師承記一書異時采之柱

下傳之其人先生名山之業固當垳此不朽或如司馬
子長史記班孟堅漢書之例撰次敘傳一篇列於卷後
亦足屏後儒擬議規測之見尤可與顧寧人錢曉徵及
先君子後先輝暎者也喜孫奉手受敎服膺有年袚命
跋尾不獲固辭謹以所聞質諸坐右未識先生以爲知
言不也
嘉慶十有七年五月七日後學汪喜孫識